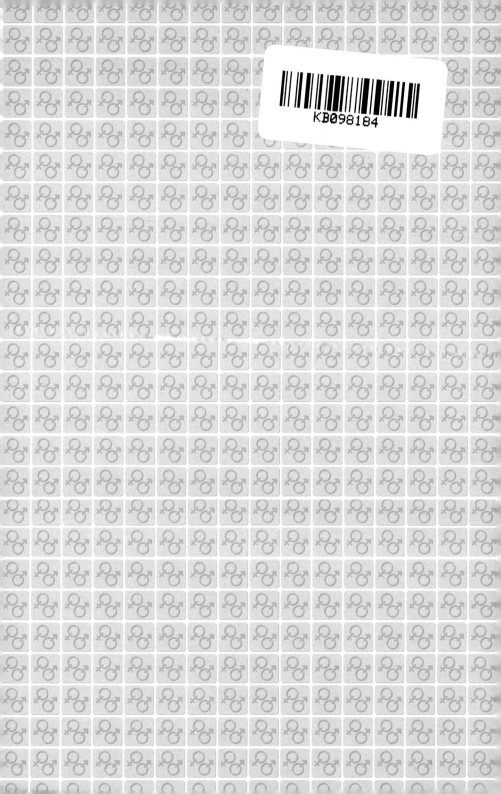

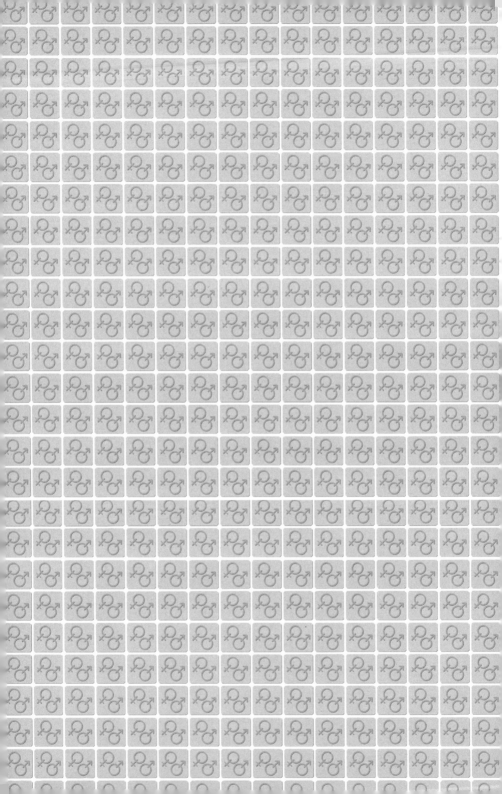

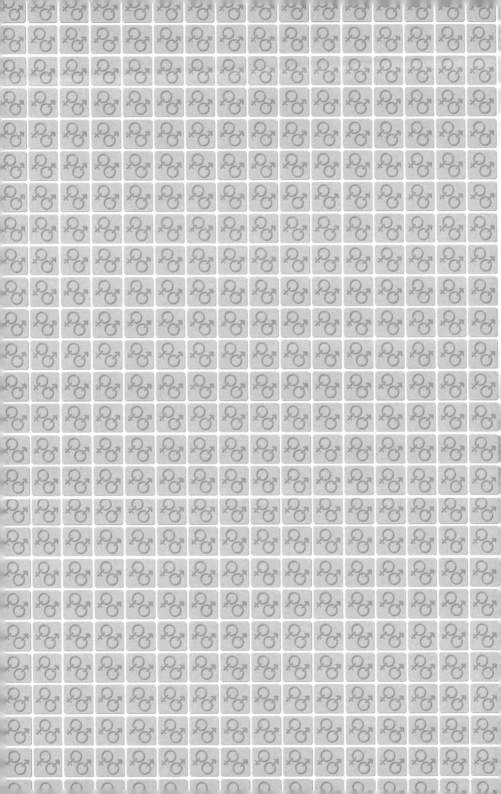

쉬는 시간에 읽는

젠더 이야기

쉬는 시간에 읽는

젠더 이야기

발행일	2019년 7월 25일 초판 1쇄 발행
지은이	김선광, 이수영
발행인	방득일
편 집	신윤철, 박현주, 문지영
디자인	강수경
마케팅	김지훈

발행처	맘에드림
주 소	서울시 도봉구 노해로 379 대성빌딩 902호
전 화	02-2269-0425
팩 스	02-2269-0426
e-mail	momdreampub@naver.com

ISBN 979-11-89404-21-5 44300
ISBN 979-11-89404-03-1 44080(세트)

소녀소년, 차별을 지우고 차이를 존중하며 평등을 외치다!

쉬는 시간에 읽는
젠더 이야기

김선광 · 이수영 지음

맘에드림

평등한 사회에서
모두가 행복한 삶을 만들어 가기를 꿈꾸며

30년 가까이 교사 생활을 하며 학생들과 참으로 다양한 주제로 이런저런 이야기를 나눠 왔습니다. 단골 주제 중 하나는 '저는 이런 선생님이 싫어요!'입니다.

예컨대 우리 반 학생 중 특정 선생님의 수업시간에 학습 태도가 매우 안 좋다는 소리를 전해 듣는 경우가 있습니다. 이럴 때 막상 상담을 해보면, "그 선생님이 싫어서 수업도 듣기 싫어요."라고 말하는 경우가 많습니다. 그렇다면 대체 학생들은 어떤 선생님을 싫어할까요? 학생들이 꼽은 여러 가지 이유 중 단연코 눈에 띄는 한 가지가 바로 차별입니다.

"○○ 선생님은 공부 잘하는 애들만 좋아해요!"

"○○ 선생님은 맨날 나한테만 뭐라 하세요!"

약간 흥분한 상태에서 억울함을 호소하는 모습이 아마 여러분의 머릿속에도 훤히 그려질 것입니다. 학생들은 차별에 민감하죠. 그런데 가만히 생각해 보면, 어른들도 마찬가지입니다. '누군가 나를 부당하게 차별 대우하고 있다' 또는 '다른 사람들은 누리고 있는데, 나는 그렇지 못하고 있다'고 생각되면 화가 나고, 심한 경우 스스로를 불행하다고 느끼는 건 나이에 상관없는 감정이니까요. 그래서 '누구에게나 평등한 삶의 기회가 주어지는 것'이 행복한 사회의 기본 조건이라고 말하는 것 같습니다.

사람들의 무관심 속에 차별도 깊어진다

모두가 행복한 사회를 만들려면 차별받는 이들에게 더 많은 관심을 기울여야 합니다. 그리고 그들의 삶이 나아질 수 있는 평등한 사회를 만들기 위해 힘을 모아야 하죠. 사회에는 누군가의 행복을 가로막고 있는 수많은 차별이 존재합니다. 장애인에 대한 차별, 학력에 따른 차별, 외국인 노동자에 대한 차별 등등. 그중 우리 모두에게 직접적으로 관련된 차별, 그래서 가장 중요하게 다루어져야 할 차별이 바로 성별에 따른 차별이라고 생각합니다. 우리 모두는 여자 아니면 남자이기 때문입니다. 또 내가 사랑하는 사람 역시 남자 아니면 여자이기 때문이죠.

그럼에도 불구하고 성별에 따른 차별을 부당하다고 생각하는 대신 당연시하거나 무심히 지나쳐 온 부분이 적지 않습니다. 그리고 그 피해자는 여성인 경우가 많았죠. 남녀의 차이는 차별의 이유가 될 수 없음에도 '여자' 또는 '남자'라는 이유로 차별이 이루어져 온 것입니다. 기억을 돌이켜보면 학교에서도 성별에 따른 여러 가지 차별이 이루어지곤 했습니다. 학교는 남과 더불어 성장하며 행복해질 수 있는 올바른 삶의 자세에 대해 가르쳐야 하는 곳임에도 말이죠.

그나마 다행인 건 최근 우리 사회에서 성평등에 대한 관심이 높아지고, 성별에 따른 차별적 요소를 없애기 위한 논의와 실천들이 활발히 이루어지고 있다는 점입니다. 현장에서 학생들을 직접 가르치고 있는 교사로서 이 책도 이러한 논의와 실천들을 더욱 풍부하게 하는 데 보탬이 되었으면 하는 바람을 가져 봅니다.

시작은 무심코 지나쳤던 것들에 대한 의문을 제기하는 것

이 책에서는 성차별과 관련하여 학교 현장에서 있었던 실제 에피소드를 바탕으로 이야기를 풀어 나가려 합니다. 그렇기 때문에 특히 청소년들이 공감하고 문제의식을 갖게 될 부분이 많을 거라고 생각합니다. 그렇다고 청소년만을 위한 책은 아닙니다. 어른들도 자신이 청소년이었던 시절 무심코 지나쳤던 차별의 경험들에 대해 깨닫고 문제의식을 가져볼 수 있을 테니까요.

이 책은 총 3부로 구성되어 있습니다. 1부에서는 성차별의 주요 원인인 '성에 대한 고정관념', 여성의 인권 회복을 위해 전개되고 있는 '페미니즘의 성격'들을 생각해 볼 것입니다. 2부에서는 우리 사회에서 쟁점이 되고 있는 사항들을 성평등의 관점에서 다루면서 성차별에 대한 문제의식이 더욱 날카로워지기를 기대하였습니다. 끝으로 3부에서는 성차별을 극복하고 평등한 사회로 나아가기 위한 방안들을 차별과 역차별에 대한 정확한 진단, 상대 성에 대한 혐오 극복, 여성의 자립과 연대 지원, 함께하는 육아, 인권 교육으로서의 성교육 등을 중심으로 제시해 보았습니다.

사실 이 책을 쓴 우리 둘은 평범한 교사일 뿐, 성차별 문제 또는 페미니즘에 대한 전문가가 아닙니다. 전문성이 부족한 우리 두 사람에게 페미니즘과 관련된 생각을 풀어놓을 기회를 주신 '맘에드림' 출판사에게 감사의 말씀을 드립니다. 특히 두서없이 풀어낸 이야기를 한 권의 책으로 잘 엮어 준 박현주 편집자에게 감사의 인사를 전합니다. 그리고 우리의 글이 더 좋은 책으로 만들어질 수 있도록 꼼꼼하게 읽어 보시고 소중한 의견을 주신 대안사회교사모임 성일중학교 최혜연 선생님께도 특별한 감사의 인사를 드리고 싶습니다.

　끝으로 우리 두 사람이 페미니즘에 대하여 관심을 갖고 책까지 쓸 수 있는 원동력이 되어 준 두 딸들이 평등한 사회에서 행복한 삶을 만들어 가기를 바랍니다.

2019년

김선광, 이수영 씀

차례

최근 우리 사회에는 남녀가 편을 갈라 서로 대립하는 갈등이 극에 달하고 있습니다. 갈등이 깊어질 대로 깊어져 서로를 혐오하는 지경에까지 이르고 만 것입니다. 여성들은 오랜 시간 남성 중심의 사회 속에서 억압받으며 살아왔다고 울분을 토로하고, 남성들은 남성들대로 여성들로 인해 역차별 받는 현실도 만만치 않다며 아우성입니다. 여성 또는 남성의 시각이 아니라 개성을 소유한 고유한 '인간'으로서 서로 다름을 인정하고 살아갈 순 없는 걸까요? 이 문제를 생각해 보기 전에 먼저 오랜 시간 이어져 온 성에 관한 뿌리 깊은 고정관점은 어떤 것들이 있는지 살펴보려합니다.

1부

성에 대한
고정관념
그리고 페미니즘

"이젠 달라질 때도 되지 않았나요?"

차이와 차별은 다르다

"다르지만, 다르지 않아요!"

세상에는 여성 또는 남성에 대한 다양한 고정관념이 존재합니다. 여러분도 잘 알다시피 남성과 여성은 서로 다른 존재입니다. 하지만 그러한 동시에 남녀 모두 한 인간으로서 존중받아 마땅한 소중한 존재이기도 하죠. 그럼에도 불구하고 사회 곳곳에는 여성 또는 남성이라는 이유로 다양한 차별이 이루어지고 있습니다. 서로의 차이를 인정하고 배려하기보다는 차이를 차별의 수단으로 여기는 거죠. 그래서 여기에서는 남성 그리고 여성에 관한 고정된 생각들에는 무엇이 있는지 살펴보려 합니다.

남자는 남자끼리, 여자는 여자끼리?

벌써 몇 해 전 일이군요. 뉴질랜드 오클랜드에 있는 한 학교에서 10주간 머물며 그 학교에서 이루어지고 있는 교육 활동들을 관찰할 기회가 있었습니다. 여기에서는 그때 참관한 체육 수업에 대해 소개하려고 해요.

참관했던 체육 수업은 두 반이 함께 진행하였습니다. 그리고 두 반 모두 담당 선생님은 여자 분이셨죠. 먼저 아이들에게 트랙을 3바퀴 정도 뛰게 하여 몸을 풀게 한 후, 두 명씩 짝을 지어 레슬링과 술래잡기를 혼합한 게임을 시켰습니다. 두 선생님이 먼저 시범을 보이시고 학생들이 따라서 하는데, 여자 따로 남자 따로 짝을 지어 주지만 남녀 학생 수가 달라서 여자-남자 혼성 짝이 생기기도 하였습니다. 이어서 여학생과 남학생이 섞여서 자유롭게 움직이게 하다가 '3명 모여, 5명 모여' 하는 게임을 하고, 마지막으로 8모둠으로 나누어 2모둠씩 원반을 가지고 넷볼과 럭비를 혼합한 게임을 하였습니다. 역시 남녀 혼성 모둠이고, 심지어 모둠별로 남녀의 비율도 달랐습니다. 어떤 모둠은 남자가 더 많고, 어떤 모둠은 여자가 더 많았죠. 학생들은 수업 내내 즐겁게 참여하였고, 학생들이 서로의 등을 두드려 주는 정리 운동으로 수업은 끝을 맺었습니다.

당시 이 체육 수업이 인상적이었던 이유는 바로 남학생들은 남학생끼리 또 여학생들은 여학생끼리 모둠을 구성한 것이 아니라 서로 섞인 상태로 진행된 점입니다. 우리나라의 수업이었다면 일반적으로 남학생은 여학생보다 체격이 크고 힘이 좋으니 모둠을 따로 구성하거나, 남녀의 비율을 고르게 해서 가급적 성별 구성이 비슷하도록 조정했을 테니까요. 이 수업을 통해 그동안 내가 수업시간에 학습 모둠을 편성하면서 의식적으로 여학생과 남학생의 비율을 맞추려고 했던 것이 과연 올바른 방법이었는지 되돌아보게 되었습니다.

과거 성별의 비율을 맞추고자 한 나의 의식적 행동은 '대체로 여학생들이 모둠 활동에 더 적극적으로 참여하고 과제 수행을 잘 한다'는 여자와 남자의 학습 태도 및 능력에 대한 구분 짓기를 바탕으로 한 것이라는 생각이 들더군요.

하지만 내가 참관한 뉴질랜드 체육 수업의 활동을 보면 여학생과 남학생에 대한 구분 짓기는 거의 존재하지 않습니다. 그리고 이는 비단 체육만이 아니었죠. 다른 과목 수업에서도 마찬가지로 남녀에 대한 구분 짓기는 거의 찾아볼 수 없었습니다.

만약 우리나라의 체육 시간에 이런 식으로 모둠을 구성해서 진행했다면 분명 여학생들의 숫자가 더 많은 모둠에서는 불리하다고 항의가 쏟아졌을 것입니다. 그런데 뉴질랜드에서는 남학생과 여학생의 구분 없이 함께 운동 경기를 하고, 여학생이 더 많은 모둠에서도 불만을 제기하지 않았습니다.

당시 수업에 참여한 뉴질랜드의 학생들은 우리나라의 초등학교 6학년 내지는 중학교 1학년에 해당하는 나이였죠. 비록 아직까지는 성별의 차이가 두드러지지는 않지만, 여자와 남자의 신체적 차이가 서서히 나타나기 시작할 시기입니다. 그럼에도 불구하고 함께 어울리며 자연스럽게 서로 몸을 부딪치는 경험을 하는 학생들이 참으로 인상적이었죠.

어릴 때부터 자연스럽게 이런 경험을 하며 성장하는 아이들에게 아마도 성에 대한 고정관념 따위는 자리 잡기 어려울 것입니다. 예를 들어 다음과 같은 생각들 말이죠.

'남자가 여자보다 체력이 훨씬 더 강해!'
'같은 운동 종목에서 어떻게 여자가 남자와 겨룰 수 있겠어!'

인상적인 수업을 참관하고 나서 수업 관찰 일지를 적었습니다. 그런데 쓰다 보니 나 역시도 성에 대한 고정관념을 무의식중에 드러냈다는 점을 발견하게 되었죠.

"체육 수업을 진행한 두 분 모두 여교사임에도 불구하고 교과 지도의 전문성을 보여주셨다."

'여교사임에도 불구하고'라는 전제를 붙인 것 자체도 성에 대한 고정관념이라는 생각이 문득 들어 나도 모르게 피식 웃었던 기억이 납니다.

신체적 차이를 결정하는 게 성별뿐일까?

우리가 인정해야 할 것은 여자와 남자는 생물학적 구조, 신체적 특성에 차이가 있다는 점입니다. 이것은 부인할 수 없는 사실이죠. 그리고 많은 사람들이 바로 이러한 차이가 여자와 남자의 역할을 나누는 데에 결정적인 영향을 미치는 요인이라고 당연하게 생각합니다. 하지만 과연 사실일까요?

인류는 오랜 시간을 함께 살아오면서 여자와 남자는 서로가 다르다는 생각을 당연하게 받아들여 왔습니다. 여자와 남자의 서로 다른 신체적 특성은 이러한 생각을 굳어지게 하는 데 큰 영향을 미쳤죠. 사실 여자와 남자의 신체적 차이는 눈으로 쉽고 분명하게 확인할 수 있는 것입니다. 즉 감각적으로 확인할 수 있다는 뜻이지요. 우리 인간이 가진 생각의 많은 부분은 실제로 감각기관을 통해 인지한 수많은 경험들을 바탕으로 합니다.

여자와 남자의 신체적 차이에는 어떤 것들이 있을까요? 우선 여자와 남자는 서로 다른 생식기를 가지고 있습니다. 몸의 전체적인 골격, 골반 뼈의 크기와 모양, 콧수염과 구레나룻을 비롯한 체모의 양, 근육의 발달 상태 등 많은 부분이 다르죠. 좀 더 구체적으로 살펴보면, 일반적으로 남자의 턱과 광대뼈는 여자들에 비해 큰 편입니다. 이로 인해 남자들은 여자들에 비해 더 각지고 돌출된 얼굴형을 가지고 있죠. 또한 눈에 보이지는 않지만 일반적으로 남자의 성대가 여자의 성대보다 더 깁니다. 성대가 길수록 목소리가 크고 낮은데, 이로 인해 남자의 목소리가 더 굵고 묵직하게 들리는 것입니다. 플루트와 피콜로 모두 목관 악기로서 유사한 구조를 가지고 있지만 음색을 비교해 보면 길이가 긴 플루트가 한 옥타브 낮고 좀 더 굵은 소리를 낸다는 사실과 비슷한 이치라고 할 수 있죠. 더 큰 골격, 발달한 근육, 각진 얼굴, 굵은 목소리 등과 같은 신체적 특징을 가진 남자가 여자보다 더 강인하고 활동적일 것이라고 여기는 것은 얼핏 당연해 보입니다.

유전학과 해부학, 생리학 등의 발달과 함께 여자와 남자의 생물학적 차이는 더욱 부각되었습니다. 대표적인 예를 들어보면 다음과 같습니다.

- 우리 체세포의 유전 물질을 담고 있는 염색체가 여자는 XX 염색체, 남자는 XY 염색체로 서로 다르다.
- 여자와 남자는 뼈의 크기뿐만이 아니라 배열 자체가 다르기도 하며 피부 및 피하 지방의 두께가 다른데, 이는 여자가 출산과 양육의 기능을 수행하는 것과 관계가 깊다.
- 여자에게는 에스트로겐이라는 호르몬이 생산되어 분비되는데, 이 호르몬은 앞에서 말한 여자 골반의 발달, 피하지방의 축적과 관계가 깊다. 반면에 남자에게는 안드로겐이라는 호르몬이 많이 분비되는데, 이는 남자들의 골격과 근육의 발달, 굵은 목소리와 관계가 깊다.

위와 같은 것들이 생물학에서 밝혀 낸 여자와 남자 신체의 근본적인 차이들입니다. 그런데 신체적 차이는 여자와 남자 사이에만 존재할까요? 물론 아닙니다. 남자와 여자의 신체적 차이도 존재하지만, 여자들 간 또는 남자들 간에도, 나아가 여자와 남자 구분 없이 개인과 개인 사이에도 신체적 차이는 나타납니다. 예를 들어, 목소리가 걸걸하고 굵은 여성도 있으며, 선이 곱고 갸름한 얼굴형을 가진 남성도 있습니다. 또한 골격과 근육의 차이는 여자와 남자의 성별 차이만큼이나 인종과 민족에 따른 차이, 빈부격차에 따른 개인 간 영양 상태에 따른 차이, 꾸준한 운동과 같은 신체 단련에 대한 문화적 차이 등에 의해서도 많이 나타납니다. 예컨대 대체로 북유럽 사람이 동남아시아 사람보다 골격이 크고 몸에 털도 많습니다. 영양 상태가 좋고 스포츠를 즐기는 나라의 여성들은 그렇지 않은 지역의 남성 못지않게 근육이 발달하고 뛰어난 근력을 자랑하기도 하죠. 실제로 2018년 겨울 평창 동계 올림픽을 관람하러 가서 대회에 참가한 핀란드 여자 아이스하키 대표 선수들을 바로 옆에서 본 적이 있는데, 그들은 내가 기존에 알고 있던 우리나라의 평균적인 남자보다 신장도 훤칠하고 근육도 상당히 발달해 있었습니다.

또한 최근에는 통념을 뒤엎는 새로운 연구 결과도 등장하고 있습니다. 여성 호르몬으로 알려진 에스트로겐과 남성 호르몬으로 알려진 안드로겐이 여자와 남자 모두에게 혼합적으로 나온다는 연구 보고도 있으니까요. 또한 남자의 염색체로 알려진 Y 염색체가 X 염색체에서 변형된 것이며, Y 염색체는 성의 일부를 결정하지만 오히려 X 염색체가 많은 남성적 기능과 인간의 생존을 담당하고 있고, 앞으로는 Y 염색체의 질이 점점 떨어져 언젠가는 사라지고 말 것이라는 주장도 제기되고 있습니다.[1]

....

1. 올리비에 포스텔 비네이, 《X염색체의 복수》(이화숙 옮김), 기린원, 2008

서로 다른 건 맞지만, 차별의 이유는 될 수 없다

조금만 관심을 가지고 주의를 기울여 보면, 신체적 특성의 차이를 결정하는 것은 비단 성별만이 아니라는 증거를 얼마든지 찾아볼 수 있습니다. 물론 여자와 남자는 신체적으로 다르죠. 그런데 사람들의 신체는 같은 성별 간에서도 차이가 있습니다.

만약 여자와 남자의 신체적 특성 차이가 성별 역할이나 여성다움, 남성다움을 결정하는 게 사실이라면, 일반적으로 부자의 발육 상태가 가난한 사람보다 좋으니 부자가 더 강인하다고 말할 수 있나요? 또 북유럽 사람들의 타고난 신체 골격이 동아시아 사람보다 크므로, 북유럽 사람들이 동아시아 사람보다 더 용감하다고 할 수 있는 건가요? 아마도 동의하지 않을 것입니다. 남녀 간 신체적인 차이에 얽매인 성역할을 당연시한다면, "왜소한 동아시아 사람들이 건장한 북유럽 사람들보다 여성다운 직업에 적합하다"와 같은 주장들도 사실로 받아들여져야 합니다. 하지만 이런 주장에 대부분의 사람들은 동의하지 않을 것입니다.

최근에는 뇌 과학 분야에서 여자와 남자의 차이에 대한 논란을 부추기는 연구 결과들이 발표되기도 했습니다.[2] 일례로, 미국 필라델피아대학교의 의과대학 라지니 버마(Ragini Verma) 교수가 이끄는 연구팀은 〈미국과학아카데미 회보(PNAS)〉 최근호에 낸 논문에

....
2. 〈뇌 연결망 구조, 남녀 차이 있다〉, 한겨레 과학웹진 사이언스온 재인용

서 8살에서 22살 사이 남녀 949명(남 428, 여 521)의 뇌 연결망 구조가 남녀 간에 뚜렷한 차이를 보인다고 발표했죠. 이 연구에 따르면 여자와 남자의 뇌 연결 구조에 뚜렷한 차이가 있으며, 이로 인해 여자와 남자의 신체 능력, 인지 능력 등에 있어 차이가 나타난다는 것입니다. 이러한 연구 결과는 여자에게 더 적합한 업무, 남자에게 더 적합한 업무가 있다고 주장하는 사람들에게 일종의 과학적 근거로 활용되고 있습니다.

한편 이와 다른 입장을 가진 과학자들도 있습니다. 이들은 생물학적 원인으로 남녀의 행동 차이를 고정적으로 해석하는 것을 경계합니다. 그들은 학습을 통해 뇌를 바꿀 수 있는 수많은 연구가 존재함을 언급하며, 뇌 연결 구조의 차이는 선천적인 것이라기보다는 남녀가 살아가면서 겪게 되는 서로 다른 경험의 결과일 수도 있다고 반박합니다. 특히 뇌 구조의 차이를 분석한 연구에서 성별 간 뇌 구조 차이가 10대 이후에 두드러진다는 점에서 이러한 주장을 입증해 준다고 말하죠. 말하자면 남자아이는 여자아이에 비해 가정과 학교 등에서 활동적인 과제를 많이 경험하게 되는 반면에 여자아이는 남자아이에 비해 생활 속에서 정적인 활동에 더 많이 노출되기 쉽다는 것입니다. 이렇게 서로 성격이 다른 과제를 오랜 동안 지속적으로 수행하는 과정에서 각각 뇌의 서로 다른 부분이 발달하게 되었다는 주장이죠.

또 다른 과학자들은 이렇게 말합니다. 설령 여자와 남자가 선천적으로 서로 다른 뇌 구조를 가지고 있다고 해도, 그러한 차이가 구

체적으로 어떤 행동으로 이어지는 것인지에 관해서는 명확하게 밝혀진 바가 없다는 것입니다. 나아가 여자와 남자의 타고난 신체 능력이나 인지 능력 등에서 차이가 크지 않다는 연구 결과도 계속 이어지고 있습니다. 결국 이 모든 것들을 종합해 보면, 성별에 따른 뇌 구조의 차이를 여자와 남자의 본질적 차이로 설명하거나, 그것이 여자와 남자의 능력 차이를 가져온다고 주장하는 것은 심각한 논리적 비약일 수 있다는 뜻입니다.

일반적으로 여자와 남자의 신체 구조에는 분명히 차이가 존재합니다. 하지만 그러한 차이가 여자와 남자의 능력에 우열 차이를 가져온다는 의미는 아닙니다. 즉 누가 더 우월하다고 구분하는 차별적 요인이 될 수는 없다는 뜻이죠.

그럼에도 불구하고, 인류의 역사를 살펴보면, 여자와 남자의 신체적 차이를 여자와 남자의 능력 및 역할의 차이로 연결시켰습니다. 그뿐만 아니라 이를 당연한 것으로 여기도록 가르쳐 왔죠. 남자들만 하는 일, 여자들만 하는 일을 반복하고 그 모습을 계속 지켜보게 되면 결국 이를 당연하고 자연스러운 것이라고 생각하게 됩니다.[3] 오랜 기간 동안 독립된 인간으로서의 삶, 공동체의 주인공으로서의 삶에서 배제된 보통의 여성들에게 적어도 평등한 삶의 기회를 주기 위해서는 무엇보다 이러한 고정관념부터 바꾸어야 하지 않을까요?

....
3. 치마만다 응고지 아디치에, 《우리 모두는 페미니스트가 되어야 한다》(김명남 옮김), 창비, 2016, 16쪽 참조

나아가 여성이든 남성이든 생물학적 차이, 능력의 차이가 있더라도 자신이 원하는 삶을 살 수 있도록 사회는 환경을 조성해 주고, 개인은 주체적인 삶을 살아가야 할 것입니다.

 서로 존중하며 더불어 사는 사회를 만드는 작은 시작

남자와 여자는 신체적으로 분명 서로 다른 점이 존재해요. 하지만 그것이 남녀 간 역량을 차별하는 요인이 될 순 없죠. 신체적 차이와 별개로 남자든 여자든 각자 타고난 능력을 키우고 원하는 바를 적극적으로 이뤄 가는 삶을 살아가는 것이 중요하다는 점을 꼭 기억해 주세요!

남자다움과 여자다움보다 중요한 것

"난 그냥 나다울 뿐이에요!"

여러분도 아마 평소에 이런 식의 말을 종종 들어보았을 것입니다.

"연수는 조용하고 나긋하니 참 여성스러워!"

"아이고, 기차화통을 삶아 먹었니? 여자답지 못하게 고래고래 소래
를 지르고 그래?"

"영철이는 씩씩하고 용감해서 남자다운 거 같아!"

"사내자식이 그게 뭐가 무섭니? 남자답지 못하게…"

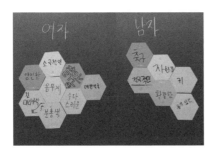

학생들이 분류한 남자다움과 여자다움

평소 아무렇지 않게 주고
받는 말들일 것입니다. 그
런데 좀 이상합니다. 상냥
하고 조용해야만 여성스러
운 거고, 목소리가 크고 자
기주장이 강하면 여자답지

못한 걸까요? 또 남자는 어떤 상황에서든 씩씩하고 용감해야 하고, 겁이라도 내면 남자답지 못하다는 비난을 감수해야 하는 걸까요?

따지고 보면 실체가 불분명한 남자다움과 여자다움

여러분에게 수업시간에 있었던 일을 하나 소개하려고 합니다. 중학교 1학년 사회 시간에 성역할에 대한 수업을 하면서 학생들에게 여성다움과 남성다움 하면 생각나는 명사나 형용사를 각자 카드에 써 보게 하였습니다. 여성다움에는 얌전한, 소극적임, 분홍색, 수다스러운, 잘 우는, 긴 머리카락, 예쁜 얼굴, 몸무게 등을 쓴 학생들이 많았고, 남성다움에는 용기 있는, 힘이 센, 적극적인, 자신감 있는, 활발한, 축구, 키 등을 쓴 학생들이 많았죠.

학생들이 쓴 카드를 분류해 칠판에 붙인 다음에 어떤 느낌이 드는지를 물어보았습니다. 그러자 남학생 대부분은 "역시!", "대체로 맞는 말이에요!" 하면서 긍정하였습니다. 반면, 일부 여학생들은 상당히 기분이 나쁜 표정을 지으며 수긍할 수 없다고 다음과 같이 반론을 제기하였습니다.

"저는 여자인데 분홍색 안 좋아해요!"
"영우(남학생)가 우리 반에서 제일 수다스러워요!"
"수빈(여학생)이는 누구보다 모든 일에 솔선수범하는 걸요!"

몇몇 남학생들은 이렇게 말하는 여학생들에게 "그래, 너는 결코 얌전하지 않지!"라고 비아냥거리기도 하였습니다. 그래서 나는 카드의 내용에 불만을 나타낸 여학생들에게 칠판 앞으로 나와서 '여성다움'에 적절하지 않은 카드는 '남성다움'에, '남성다움'에 적절하지 않은 카드는 '여성다움'에 바꾸어 붙여보게 하였습니다. 한 여학생이 자신 있게 앞으로 나왔지만, 막상 칠판 앞에서 카드를 바라보며 쉽게 카드를 옮기지 못했죠. 결국 그 여학생은 난감하다는 표정을 지으며 이렇게 말했습니다.

"선생님! 이건 여성다움, 남성다움으로 구분할 수 없을 것 같아요!"

학생들이 카드에 적어 놓은 여성다움과 남성다움에 대한 표현들은 사회에서 여자와 남자의 일반적인 행동 특성 및 성격 특성으로 기대되는 것들입니다. 하지만 그 내용들을 찬찬히 뜯어보면, 고개를 갸우뚱하게 만드는 표현들이 더러 있습니다. 특히 여성들의 경우에는 적잖이 불편함을 느끼는 이들도 많을 것입니다.

예를 들어, 세상에는 활발하고 용감한 여성도 얼마든지 있습니다. 그런가 하면 남성들 중에도 얌전하고 운동보다 정적인 활동을 선호하는 사람이 있죠. 그리고 여자든 남자든 각자의 생김새나 분위기에 따라 긴 머리가 어울릴 수도 있고 또는 짧은 머리가 더 잘 어울릴 수도 있습니다.

사회가 기대하는 남자 또는 여자의 모습이라는 허울

앞의 수업에서 여성다움과 남성다움에 대한 학생들의 표현들은 우리 사회에 뿌리 깊이 존재하는 성에 대한 이분법적인 고정관념을 고스란히 반영하고 있습니다. 이와 관련하여, 영국의 공영방송국인 BBC에서 진행한 한 실험은[4] 우리가 가지고 있던 성에 대한 고정관념을 잘 보여줍니다.

이 실험에서는 아직 말을 못하는 두 어린아이에게 각각 다른 성별의 옷을 입히고, '올리버'와 '소피'라는 이름을 붙여주었습니다. 그리고 어른들이 이 아이들과 어떤 장난감을 가지고 무엇을 하는지 관찰하였죠.

실험에 참가한 대부분의 어른들이 '소피'와는 주로 앉아서 인형을 가지고 놀면서 이야기를 들려준 반면, '올리버'에게는 자동차 장난감을 태우거나 조립장난감을 맞추는 등 좀 더 육체적인 활동을 하는 모습을 보여주었습니다. 두 아이들은 모두 아무렇지 않게 어른들이 주는 장난감들을 불평 없이 가지고 놀았죠.

그런데 이 실험에는 반전이 있습니다. 사실은 남자 옷을 입고 남자 이름을 붙인 '올리버'가 여자아이였고, 여자 옷을 입고 여자 이름을 붙인 '소피'가 남자아이였으니까요. 실험에 참가했던 성인들에게 이 사실을 알려주자, 그들은 깜짝 놀라면서 당연히 '소피'가 여자

....
4. YouTuve, "Girl toys vs boy toys: The experiment - BBC Stories", 2017

아이고, '올리버'는 남자아이라고 생각했다고 말하였습니다.

옷과 이름만으로 아이의 성별을 판단한 어른들이 여자아이는 장난감 조립을 잘 못하고 인형 놀이를 좋아할 것이고, 남자아이는 가만히 앉아 인형놀이 하는 것을 싫어하고 자동차 장난감을 타고 노는 것을 더 좋아할 것이라고 생각해버린 거죠. 성에 대한 고정관념을 여실히 보여준 셈입니다. 하지만 어른들의 이런 생각과는 달리 여자였던 '올리버'는 자동차를 타는 것도 좋아했고, 장난감 조립에도 전혀 거부감을 보이지 않았습니다. 또 인형을 가지고 놀겠다며 보채지도 않았죠.

어른들이 갖게 된 여성다움과 남성다움에 대한 고정관념은 결국 성장 과정에서 지속적으로 경험해 온 차별적 사회화의 결과입니다. 앞에서도 잠깐 언급했지만, 우리가 자라면서 무수히 들었던 성차별적 이야기들이 있습니다.

"남자라면 이렇게 해야지! 그런 행동은 계집아이나 하는 거야!"
"여자가 그러면 남들이 흉본다! 무슨 여자애가 남자 애처럼 노니!"

사회적으로 기대되는 것들, 예컨대 남자와 여자의 역할이 다르다고 하는 묘한 뉘앙스를 담은 말들과 시선 속에서 어쩌면 우리의 성에 대한 고정관념도 점차 견고해진 게 아닐까요? 이런 점에서 여성 생리대 제조업체인 위스퍼의 '여자답게 캠페인'이 던져주는 메시지는 결코 가볍지 않게 다가옵니다.

성적 고정관념은 남성 중심의 사회화 결과?

위스퍼의 '여자답게 캠페인' 영상을 보면, '여자답게 달려라, 여자답게 던져, 여자답게 싸우라'는 감독의 요구에 성인 여성과 남성 소년들은 어색하게 달리고 얌전하게 던지며 소극적으로 살짝살짝 싸우는 시늉만 할 뿐이지만, 10대 초반의 소녀들은 힘차게 달리고 마음껏 던지며 힘을 실어서 싸우는 자세를 취합니다. 즉 성인에 비해 상대적으로 여성다움과 여성의 역할에 대한 사회적 압력을 받은 경험이 적기에 소녀들은 나답게 각자의 개성대로 행동했습니다.[5]

여자답게 행동하라는 똑같은 요구에 대해서 소년과 소녀 사이는 물론 성인 여성과 어린 소녀들 사이에서도 다른 반응이 나타납니다. 연령이 높아질수록 여성성 혹은 남성성에 대한 어떤 전형적 사고가 강화되는 것을 보면 여성다움에 대한 생각이 성장 과정에서 형성된 고정관념임을 여실히 보여줍니다. 그리고 이러한 캠페인을 통해 고정관념을 변화시켜 우리와 다음 세대들이 진정한 '나다움(자아)'을 찾아 삶의 주체로 성장하도록 도울 수 있음을 시사합니다.

그렇다면 왜 여자다움 남자다움을 구분 짓는 차별적 사회화, 특히 여자다움에 대한 사회적 압력이 이어져 온 걸까요? 여자다움에 대해서는 부정적인 표현이 많고, 남자다움에 대해서는 긍정적인 표현이 많다는 것은 알게 모르게 남성이 더 우월하다는 의식을 갖게

5. 정희진 외, 《소녀 설치고 말하고 생각하라》, 우리학교, 2017, 90쪽 참조

함으로써 여성들로 하여금 남성 중심의 사회구조에 순응하게 만들려는 의도가 다분히 담겨 있습니다.

남자다움과 여자다움의 특성을 표현하는 말들 대부분은 '긍정적 표현 대 부정적 표현'의 구도를 가지고 있습니다. 예를 들어 남자다움의 대표적인 특성으로 인식되는 '독립적이다', 여자다움의 특성으로 받아들여지는 '순종적이다'라는 표현을 살펴보더라도 '긍정 대 부정'의 구도를 발견할 수 있습니다. 이러한 측면이 좀 더 명확해지도록 두 표현을 각기 다르게 표현해 보겠습니다.

'자기중심적이다 대 관용적이다'는 어떤가요? 여자다움의 특성을 나타내는 말들을 좀 더 긍정적인 것들로 바꾸어 보면, 여자다움 또는 남자다움이라는 사회적 규정에 담긴 의도를 조금이나마 파악할 수 있을 것입니다.

또 다른 예를 살펴보도록 하겠습니다. 일반적으로 남성은 능동성, 여성은 수동성의 성향을 가진 것으로 간주됩니다. 여기에도 '긍정과 부정'의 구도가 성립됩니다. 그런데 흥미롭게도 인도에서는 이와는 반대로 수동성이 남성의 특성으로, 능동성이 여성의 특성으로 평가된다고 합니다. 그렇다면 인도에서는 남자와 여자에 대한 '긍정 대 부정'의 평가가 뒤바뀐 것일까요? 안타깝게도 그건 아닌 것 같습니다. 왜냐하면 인도에서는 수동성을 일련의 수행 끝에 마음의 평정에 도달하는 것과 연관 짓습니다. 반면에 능동성은 무질서와 혼란의 표시로 간주하죠. 즉 수동성이 긍정, 능동성이 부정의 요소로 평가되는 것입니다. 결과적으로 인도에서도 남성적인 것에 더 우월한 가치를 부여한다는 사실에는 변함이 없습니다.[6] 많은 사회에서 보편적으로 이루어지는 여자다움과 남자다움의 규정은 여성보다 우월한 존재인 남성이 여성의 부정적 요소를 통제해야 한다는 믿음을 심어 주려는 의도가 숨어 있는 셈입니다.

여성다움, 남성다움에 대한 고정관념들	
여성	남성
과감하지 못한	과감한
의존적인, 순종적인	독립적인, 지배적인
변덕스러운	주관이 뚜렷한
수동적인	능동적인
감정적으로 상처받기 쉬운	감정적으로 상처받지 않는
우유부단한	단호한
수다스러운	과묵한
친절하고 예의 바른	무례한
(안전 등에) 걱정이 많은	걱정이 적은
잘 우는	잘 울지 않는
감정적인	논리적인
언어 능력이 좋은	분석 능력이 좋은
(아이를) 잘 돌보는	(아이를) 잘 돌보지 못하는

....
6. 미셸 페로 외, 《인문학 여성을 말하다》(강금희 옮김), 이숲, 2013, 28쪽 참조

성적 고정관념을 뛰어넘어 나다움을 찾아가기

과연 여성은 남성에 비해 부정적 특성을 지닌 열등한 존재일까요? 앞에서 언급한 것처럼 부정적으로 표현된 여자다움의 행동 특성들은 얼마든지 긍정적인 말로 바꾸어 표현할 수 있습니다. 예컨대 '배려심이 많다(주위에 신경을 많이 쓴다)', '감수성 또는 공감 능력이 발달했다(잘 운다, 감정적이다)', '사교성이 좋다 또는 재치 있다(수다스럽다)', '신중하다 또는 성찰적이다(과감하지 못하다)', '사고가 유연하다(변덕스럽다)' 등등.

물론 위에서 서로 짝지은 표현들의 의미가 서로 완벽하게 일치하지 않을 수도 있지만, 교집합을 이루는 부분들은 분명히 존재합니다. 그러면 이제 긍정적으로 표현한 여자다움을 다시 한 번 살펴봅시다. 배려심, 감수성, 신중함, 유연성 등 대부분 여자든 남자든 바람직한 덕목으로 갖추어야 할 특성들이라는 것을 알 수 있습니다. 이는 여자다움을 갖추기 위한 특성, 남자다움을 갖추기 위한 특성이라기보다는 인간다움을 갖추기 위한 특성인 것입니다.

앞서 소개한 수업에서 학생들이 써 놓은 카드 중 외모와 관련되어 '여자다움에는 몸무게, 남자다움에는 키'라는 내용이 있었습니다. 몸무게가 적게 나가야 더 여자다워 보이고, 키가 커야 더 남자다워 보인다는 의미일 것입니다. 이는 여자다움으로 여겨지는 '순종적이다, 의존적이다' 등의 특성, 남자다움으로 여겨지는 '지배적이다, 강인하다' 등의 특성에 들어맞는 남자와 여자의 이미지라고 할 수 있겠죠. 여자다움과 남자다움에 대한 사회적 압력이 외모에 대한 강박으로 고스란히 이어진 것입니다.

여러분도 주변에서 "외모가 경쟁력이다!"라는 소리를 어렵지 않게 들어보았을 것입니다. 다이어트, 성형 등은 이제 열풍이라 부르기도 무색할 정도로 일반화되어 있습니다. 어린 여학생들이 생일 선물로 화장품을 주고받는 것도 흔한 일이 되었죠. 많은 이들이 이를 가리켜 '외모 지상주의'가 낳은 부작용이라고 비난합니다. 지나친 다이어트와 성형으로 건강까지 해치는 경우도 있으니까요. 이러한 '외모 지상주의'도 여자다움과 남자다움을 구분 짓는 사회적 환경 속에서 싹트고 자라 온 건 아닐까요?

과거에는 날씬한 몸매보다 풍만한 몸매가 더 여자다운 것으로 여겨지기도 하였습니다. 이는 여자의 출산 기능과 관련이 깊습니다. 생리 구조상 출산은 오직 여자만이 가능합니다. 하지만 육아와 살림은 남자도 얼마든지 할 수 있죠. 그럼에도 불구하고 오랜 세월 여자가 아기를 돌보고, 집안 살림도 해야 한다고 여겨져 왔습니다. 대체 왜 그런 걸까요? 실제로 여자가 육아, 요리, 설거지, 빨래, 청소와 같은 집안일에 더 큰 재능을 타고난 것일까요?

인류가 수렵과 채집에 의존하여 살던 원시 사회부터 일반적으로 집 가까이에서 열매나 식물의 뿌리 등을 채취하는 것은 여자들의 몫이었고, 집에서 멀리 떨어진 곳으로 사냥을 나가는 것은 남자의 몫이었습니다. 하지만 이것은 남자와 여자의 타고난 재능 차이 때문이 아닙니다. 여자들이 임신을 하고 있거나 아직 젖을 떼지 못한 어린아이들을 돌보다 보니 집에서 멀리까지 이동할 수 없는 실질적인 제약 때문에 생긴 역할 분담인 것입니다.[7]

그런데 출산을 적게 하고 영유아 보육을 위한 다양한 식품들이 발달한 현대사회에서도 여전히 육아와 살림에서 여자는 남자보다 훨씬 더 큰 부담을 지고 있습니다. 심지어 그것을 당연하다고 생각하는 것 역시 여자다움과 남자다움, 성역할에 대한 차별적 사회화가 낳은 고정관념입니다.

게다가 이러한 차별적 사회화는 일상생활에서 의식하지 못한 채 빈번하게 일어나고 있습니다. 가사노동에 남녀 차별이 있을 수 없다고 생각하는 개방적인 부모들조차 가정에서 아들과 딸에게 가사일을 분담시킬 때, 무의식적으로 딸에게는 주로 하는 빨래와 요리, 설거지 등을 돕게 하고, 아들에게는 짐 옮기기, 쓰레기 분리수거와 같이 일시적으로 힘을 많이 써야 하는 일을 맡기는 경우가 많다고 하니까요. 실은 이 모든 일들이 일상생활 속에서 알게 모르게 이루어지는 차별적 사회화인 것입니다.

사회는 다양한 개인이 서로 어울려 살면서 나다움을 찾아 자신의 가치를 실현해 가는 곳입니다. 그리고 나다움을 찾아가는 다양한 개인들로 가득 찬 사회야말로 지속가능한 사회(sustainable society)입니다. 왜냐하면 다양한 개인들이 존재해야 각자로부터 예측하기 어

7. 미셸 페로 외, 앞의 책, 24쪽 참조

려운 변화에 대처할 수 있는 창의적이고 유연한 방안들이 나올 수 있기 때문입니다. 여자다움 남자다움이라는 규격화된 틀을 짜 놓고, 그 안에 개성을 가둬버린다면 개인의 행복도, 사회의 지속성도 기대하기 어려울 것입니다.

 서로 존중하며 더불어 사는 사회를 만드는 작은 시작

남자다움과 여자다움은 타고난 것이라기보다 학습된 것일 가능성이 높습니다. 남성은 이래야 하고, 여성은 저래야 한다는 것에 연연하기보다는 진정으로 나다운 것이 무엇인지 진지하게 생각해 보는 것이 훨씬 중요하다는 걸 꼭 기억해 주세요.

페미니즘에 대한 오해와 진실

"여자라서, 여자니까는 이제 그만!"

요즘 우리 사회를 보면 페미니즘에 대한 왜곡이나 오해가 매우 심각한 수준에 이른 것 같습니다. 이러한 왜곡이나 오해로 인한 무분별한 혐오는 이미 사회문제가 되고 있죠. 개중에는 페미니스트를 가리켜 '꼴페미'라고 조롱하는 이들도 있습니다. 그래서 여기에서는 페미니즘에 관해 이야기해 보려고 합니다.

만약 여성에 대한 차별이 없었다면?

프랑스의 철학자 보부아르는 《제2의 성》이라는 책에서 "여자는 태어나는 것이 아니라 만들어지는 것이다."라고 하였습니다. 여자와 남자를 구별하는 선천적·유전적 요인이 아닌 여성과 남성을 차별하는 사회적·문화적 요인에 주목한 거죠. 페미니즘에서 여성과 남성의 관계를 바라보는 시각은 구별이 아니라 차별에 대한 문제 제기

"Courage calls to courage everywhere" 구호를 손에 든 밀리센트 포셋(Millicent Fawcett)의 동상. 포셋은 영국의 여성운동가로 무려 50여 년간 여성의 참정권을 획득하기 위한 여성 운동을 이끌었다.

입니다. 만약 여성에 대한 차별이 없었더라면 아마도 페미니즘은 시작되지 않았을지도 모릅니다.

근대사회에 들어서자 봉건적 신분질서가 무너지면서 개인의 능력이 크게 강조되었죠. 이에 따라 사회 각 분야에서 전문성을 갖춘 인재들의 사회적 지위가 크게 향상되었습니다. 하지만 남성에 비해 교육을 받을 기회가 제한되어 있었던 당시 여성들은 남성만큼 전문성을 기르기가 어려웠죠. 그렇기 때문에 신분질서가 무너진 새로운 사회에 접어들어서도 여성들의 사회적 지위는 여전히 예전에 비해 별로 나아지지 못했습니다. 이러한 지속적인 차별에 대해 불만을 가진 여성들이 하나 둘 늘어갔죠. 결국 더 이상 참지 않고 차별에 대한 반발이 시작되었습니다. 분노한 여성들은 더욱 평등한 교육 기회를 얻기 위한 집단적 움직임을 시작하는데, 바로 이것이 초기 페미니즘 운동의 시작이었습니다.

여성 교육 운동과 함께 초기 페미니즘 운동의 대표적 사례인 여성 참정권 운동도 단지 여성이라는 이유로 선거 참여 기회를 제한하던 차별에 저항한 것입니다. 이처럼 페미니즘은 성차별, 성 불평등에 대한 문제를 인식하는 것에서 출발합니다.

페미니즘(feminism)의 사전적 의미는 다음과 같습니다.

> 여성이 불평등하게 억압받고 있다고 생각하여 여성의 사회·정치·법률상의 지위와 역할을 신장하려는 주장 및 사회·문화·정치적 운동

정의에서 미루어 짐작할 수 있지만, 페미니스트들은 말하자면 그간 당연시해 온 여성다움과 남성다움에 대한 고정관념에 의문을 제기하고 성 불평등을 가져오는 사회적 관행, 제도 등에 도전한 거죠. 그리하여 여성들의 잃어버린 권리를 되찾으려 한 것입니다.

이러한 점에서 볼 때, 페미니즘은 인권 차원에서 여성들의 삶을 들여다보는 행위라고 할 수 있습니다. 이를 위해 페미니즘은 사회적으로 형성된 성의 개념인 젠더(GENDER)를 강조합니다. '젠더'는 생물학적으로 결정된 성의 개념인 '섹스(SEX)'와 대비되는 개념입니

다. '젠더'의 개념에 담긴 성은 태어날 때부터 생물학적으로 결정된 것이 아니라 사회 문화적 과정에서 만들어진 것입니다. 따라서 '젠더'라는 개념에는 사회 문화적으로 이루어지고 있는 다양한 형태의 여성 차별에 대한 문제의식이 내재되어 있습니다.

페미니즘을 인권의 차원에서 바라봐야 하는 이유

페미니즘의 궁극적 목표는 젠더의 개념에 담겨 있는 여성 차별을 극복하여 여성에게도 평등한 인권을 보장하려는 것입니다. 한 TV 다큐멘터리[8]에서 다룬 중국 소수민족인 나시족 여성의 삶을 통해 인권 운동으로서의 페미니즘에 대해 생각해 보겠습니다.

나시족 여성들은 굽이 쳐 흐르며 범람도 자주하는 강변에 위치한 염전을 수시로 보수해 가며 20kg이 넘는 물이 담긴 지게를 하루에 적게는 50번, 많게는 100번 이상씩 나르는 고된 노동을 매일매일 하고 있습니다. 하지만 나시족 남성들은 염전에서 일하지 않습니다. 그런데 다큐멘터리를 보면 인터뷰에 응한 나시족 여성 중 어느 누구도 이러한 상황에 불만을 제기하지 않았죠. 고된 삶은 여성에게만 주어진 몫이 아니었기 때문입니다. 남자 가족들은 여성들의 고된 노동으로 생산된 소금을 팔기 위하여 떠나는 멀고도 위험한

....
8. KBS 다큐멘터리 〈차마고도: 천년 염정〉

여정을 반복해야만 했으니까요. 나시족의 경우 남자와 여자가 하는 일은 달랐지만, 누가 더 힘든 일을 강요받고 있는지는 보는 사람에 따라 판단이 달라질 것 같았습니다. 적어도 보편적으로 페미니즘에서 문제시하고 있는 '여성에게만 희생을 강요'하는 억압 구조는 없어 보였습니다. 하지만 나시족 여성들의 삶도 페미니즘의 대상에 포함됩니다. 왜냐하면 평생을 염전에서 고된 노동을 해야 하는 나시족 여성의 인권은 분명히 인간으로서 회복되어야 할 권리이기 때문이죠. 페미니즘은 인권이라는 프리즘으로 볼 때 그 색깔이 더욱 선명하게 드러납니다.

페미니즘이 인권 운동이어야 한다는 것은 한 흑인 여성 운동가의 다음과 같은 발언에서도 확인할 수 있습니다.

> "저는 페미니즘에 크게 공감한 적 없었어요. 왜냐하면 저한테 페미니즘은 언제나 백인 중산층 여성들의 문제였거든요. 이미 특권층이고 여러 가지 자원이나 힘을 가지고 있는 백인 중산층 여성들이 더 가지려고 싸우는 것이었습니다."[9]

이 흑인 여성이 페미니즘을 지지하지 않는 이유는 뭘까요? 바로 그녀 자신의 인권과 무관한 것이라고 여기기 때문이죠. 흑인 여성들은 괴롭힘, 차별을 받고 있습니다. 오히려 백인 여성들에 비해 더

....
9. 페미니스트 저널 〈일다: 백인 페미니즘은 자기들끼리만 얘기한다〉, 2018.4.8.

많은 차별을 경험하는 것이 현실입니다. 그럼에도 불구하고 페미니즘이 오직 백인 중산층 여성들의 입장만을 대변한다면 흑인 여성들에게 페미니즘은 또 다른 차별로 인식될 뿐입니다. 이를 확대해 보면 만약 페미니즘이 오직 여성들의 입장만 대변한다면, 남성들에게 페미니즘은 역차별로 인식될 것입니다. 최근 불거지고 있는 페미니즘에 대한 혐오 또한 바로 이러한 그릇된 인식 때문이라고 여겨집니다. 페미니즘에서 말하는 차별에 맞선다는 뜻은 인간 모두에게 평등하게 보장된 인권을 추구한다는 것이지, 오직 소수 여성들의 입장만 대변하기 위함이 결코 아닙니다.

'나' 아닌 '우리'의 관점에서 공감하고 연대하는 것

"개인적인 것은 정치적인 것이다." 여성 인권주의자들이 내세운 이 슬로건은 페미니즘의 또 다른 의미를 상징적으로 보여줍니다. 즉 페미니즘은 연대를 통해 차별에 맞서는 사회 운동이라는 거죠. 차별의 경험은 개인적인 것입니다. 하지만 차별의 경험을 드러내고 함께 고민하기 시작하면 이것은 우리의 것이 됩니다. 페미니즘은 개인의 차별 문제에 우리가 공감하고 이를 연대하여 함께 해결하려는 사회 운동인 것입니다.

오늘날 우리 사회에서 전개되고 있는 '미투(#MeToo)'도 같은 맥락에서 그 의미를 찾아볼 수 있을 것입니다. 미투 운동은 2006년

Alyssa Milano ●
@Alyssa_Milano

팔로우 ⌄

If you've been sexually harassed or
assaulted write 'me too' as a reply to this
tweet.

Me too.

Suggested by a friend: "If all the women who
have been sexually harassed or assaulted
wrote 'Me too.' as a status, we might give
people a sense of the magnitude of the
problem."

미투 운동의 확산에 기여한 알리사 밀라노의 트윗 내용

미국의 여성 사회 운동가 타라나 버크(Tarana Burke)가 미국 내 사회적 약자인 소수 인종 여성이나 아동들의 성적 피해를 해결하기 위한 하나의 방안으로 시작하였습니다. 그 후 영화배우 알리사 밀라노(Alyssa Milano)가 성적으로 불쾌한 사건을 겪은 여성들이 이를 공론화하고 연대를 이끌어내기 위해 트윗을 올릴 때 해시태그 '#MeToo'를 달자고 주장하며 널리 확산되었습니다. 미투 운동의 고발자들이 자신이 당했던 성폭력 사실을 세상에 드러냄으로써, 이 문제에 대해 사회가 함께 고민하고 문제해결을 위해 서로의 어깨를 걸기 시작한 것입니다.

물론 자신의 성폭력 경험을 여러 사람들에게 공개적으로 드러내는 행동은 매우 커다란 용기가 필요합니다. 여성의 신체적 순결과 정서적 순종을 미덕으로 강요하는 문화라면 더욱 그렇죠. 성폭력의 피해자임에도 불구하고, 보호는커녕 오히려 비난의 대상이 되기도 하니까요. 사람들은 "아니 땐 굴뚝에 연기 나겠어!", "왜 적극적으로

거부하지 않았어!" 등등 마치 성폭력의 원인을 피해자들 스스로가 제공한 것처럼 질책하기도 합니다. 실제로 2011년 캐나다의 한 경찰관이 "성폭력을 당하지 않으려면 슬럿(slut: 잡년)처럼 입고 다니지 말아야 한다."고 성폭력 피해자의 품행을 문제 삼는 발언을 하기도 했죠. 물론 이러한 발언은 수많은 여성들의 공분을 사게 되었고, 이에 항의하는 여성들이 일부러 '헤픈' 복장을 입고 시위를 하는 '슬럿 시위(Slut Walk)'를 전 세계적으로 확산시키기도 했습니다. 슬럿 시위는 성폭력 피해를 당한 여성들에 대해 사회 일각에서 어떤 인식을 가지고 있는지를 상징적으로 보여줍니다. 이러한 인식이 만연한 상황 속에서 미투 고발자들이 용기를 낸 것입니다.

> "어떻게 보면 다른 사람들은 내가 당한 일을 한낱 홍밋거리에 지나지 않는 개인적인 일이라고 생각할 수도 있어! 그리고 내가 더 힘들어질지도 몰라! 그렇지만 나는 이야기할 거야!"

그러자 사회가 움직이기 시작했습니다. 미투 운동이 성적 피해자들을 지지하며 함께하겠다는 위드유(#WtihYou) 운동, 가해자들의 고백과 반성을 의미하는 아이디드댓(#IDidThat) 운동 등으로 이어진 것입니다. 페미니즘의 시작도 이와 다르지 않을 것입니다. 페미니즘은 자신의 아픈 상처를 보여주려는 용기를 내는 일에서 시작합니다. 그리고 이를 개인의 문제가 아닌 우리의 문제로 규정하고 해결책을 함께 찾아가려는 것입니다. 자칫 페미니즘은 마치 남성을 배척하려는 운동처럼 인식될 수 있습니다. 그러나 페미니즘은 결코 누군가를 배척하려는 운동이 아닙니다. 머리를 맞대고 함께 고민하고 노력하면서 더 나은 사회로 나아가려는 사회 운동인 것입니다.

 서로 존중하며 더불어 사는 사회를 만드는 작은 시작

최근 불거지고 있는 성별 갈등의 중심에 왜곡된 페미니즘이 자리하고 있다는 것은 참으로 안타까운 일입니다. 진정한 페미니즘 정신은 다른 성에 대한 배척이 아니라 남녀를 막론하고 누구나 차별을 받아서는 안 된다는 것임을 꼭 기억해 주세요.

다이어트를 부추기는 사회
"나는 내가 뚱뚱한 것 같아요."

한창 성장기에 있는 청소년들은 먹고 돌아서기 무섭게 금세 또 허기가 집니다. 그래서인지 먹는 것은 우리 청소년들의 매우 중요한 관심사이기도 하죠.

교실에서 "오늘 급식 메뉴가 뭐지?" 하고 물어보면 수업시간에 교과 내용에 관해 질문할 때면 나 몰라라 외면했던 학생들도 메뉴를 달달 외워서 알려주곤 합니다. 또는 책상 위에 이달의 식단표를 붙여 놓거나, 마치 작은 책처럼 만들어서 가지고 다니는 학생들도 있죠. 심지어 교과 수업 같은 학교생활에는 성실하지 않은데 4교시쯤 급식을 먹기 위해서 등교하는 학생들도 있습니다.

그리고 보면 점심 급식 시간이야말로 학생들이 학교에서 가장 기다리는 시간 중 하나입니다. 특히 학생들이 좋아하는 식단으로 구성된 특식이 나오는 날이면 아침부터 조리실에서 솔솔 풍겨 오는 냄새를 맡으며 잔뜩 기대해 마지않는 것이 학생들의 일반적인 모습입니다.

대체 왜 밥까지 굶는 걸까?

이처럼 청소년기는 먹는 것을 좋아하고 즐기는 나이이건만, 학교에서 급식 지도를 하다 보면 정 반대의 모습도 종종 보게 됩니다. 즉 몇몇 여학생들이 아예 점심식사를 하지 않는 것입니다. 점심 급식시간이 되어도 식당으로 가지 않은 채 운동장 한구석이나 도서관 같은 조용한 곳에 가서 혼자 시간을 보내곤 합니다. 아니면 교실에 남아서 자신처럼 급식을 먹지 않는 친구들과 함께 시간을 보내기도 합니다. 중학교의 경우는 급식이 무료로 제공되는데도 급식을 먹지 않는 것입니다. 점심을 거르는 학생들은 남학생보다는 여학생이 훨씬 더 많습니다.

점심을 먹지 않는 이유는 대체로 두 가지로 나눠 볼 수 있습니다. 우선 같이 먹을 친구가 없을 때입니다. 평소 친했던 친구와 사이가 멀어졌는데 마땅히 점심을 같이 먹을 만한 친구가 없을 때, 일부 여학생들은 혼자 외롭게 먹기보다는 아예 점심을 거르죠. 두 번째는 다이어트, 즉 살을 빼기 위해서입니다. 내가 가르쳤던 여학생 중 한 명은 중학교 1학년 때 다소 통통 했는데, 일부 짓궂은 친구들이 뚱뚱하다고 놀리며 일부러 쿵쿵거리며 걷는 흉내까지 내자 살을 빼겠다며 독하게 결심하고 다이어트를 시작하였습니다. 얼마나 결심이 대단했던지 이 학생은 졸업할 때까지 집에서 샐러드를 싸 와서 급식 대신 먹었죠. 또 다른 한 여학생은 자신이 너무 뚱뚱하다는 생각에 사로잡혀 아예 급식실 근처에도 가지 않고 점심시간에는 늘 도서관에서 책을 보며 시간을 때우곤 했습니다.

위에 이야기한 친구들처럼 점심을 거르는 것은 아니지만, 다른 학생들의 시선을 의식해 급식을 받을 때 아주 조금만 담아서 먹거나 더 먹고 싶어도 일부러 음식을 남기는 모습도 종종 볼 수 있습니다. 왜 그렇게 적게 먹는지 물어보면, 친구들이 많이 먹는 자신에게 '돼지'라고 부르며 놀릴까 봐 두려워서 그런다고 하더군요.

스스로를 뚱뚱하다 여기는 우리나라 여성들

여학생들을 포함하여 우리나라의 많은 여성들은 자신의 몸무게가 평균보다 많이 나가고 뚱뚱하다고 생각하는 경향이 있습니다. 이런 생각을 하는 여성들은 체중을 감량해야 한다는 강박관념 때문에 음식을 먹을 때 맛있게 즐기지 못하죠. 그런데 과연 대한민국의 여성들 중에는 그렇게나 비만이 많을까요?

국민건강영양조사(2007~2014년)에 참여한 19세 이상 성인 4만 3,833명의 자료를 분석한 어느 연구에 따르면, 정상체중 여성 중 20%가 스스로를 과체중이라고 여겼으며, 심지어 1.1%는 비만에 속한다고 오인했다고 합니다.[10]

실제로 교실의 여학생들을 살펴봐도 비만을 걱정해야 할 만큼 뚱

---

10. 《해럴드경제》, 〈저체중 강박에 병든 사회〉, 2018. 08. 24

뭐야… 살이 더 찐 것 같아…
왜 이렇게 갈수록 살이 찌지?
요즘엔 저녁도 반밖에 안 먹는데…
이젠 공기만 마셔도 찌는 거야???…
이제부터 진짜 빡세게 다이어트할 테닷!!

뚱한 학생들은 거의 찾아볼 수 없습니다. 그런데도 마치 스스로를 뚱보인 양 생각하는 모습을 어렵지 않게 볼 수 있죠. 보기 좋게 통통한 여학생들은 물론 평균적인 몸매, 심지어 마른 체형의 학생들조차 다이어트에 목을 맵니다. 이들은 자신이 평균보다 체중이 많이 나간다고 생각하며 살을 빼려고 노력하는데, 사실 정상적인 현상이라고 보기는 어렵습니다.

자신의 외모를 가꾸려는 노력 자체는 긍정적으로 봐야 하겠지만, 외모 강박은 전혀 다른 문제입니다. 마치 질병처럼 인간의 삶을 피폐화할 수 있으니까요. 외모 강박이 있는 여성들은 늘 필요 이상으로 외모에 지나치게 신경을 씁니다. 하지만 아무리 노력해도 미디어 속의 연예인들처럼 될 순 없다는 현실에 크게 좌절하기도 하죠. 때로는 포토샵이나 사진 어플 등으로 인위적인 사진 보정까지 거친 미디어 속의 연예인들을 따라해 보지만, 실제로 이런 미의 기준을 모두 충족하기는 어렵습니다. 결국 성형과 같은 인위적 방법에까지 의존하게 되는 경우도 부쩍 늘고 있죠.

왜곡된 여성성을 부추기는 사회

대체 무엇이 이런 비정상적인 현상을 부추기고 있는 걸까요? 우선 미디어에 그 책임을 묻고 싶습니다. 텔레비전이나 인터넷, 광고나 화보 등에 노출되는 여성들은 대부분 깡마른 체형의 소유자입니다. 특히 전문 패션모델 같은 경우는 큰 키에 길쭉길쭉한 팔다리, 탄력 넘치는 가슴과 엉덩이, 거기에 전체적으로 군살 없이 마른 몸을 자랑하죠. 주변에서 쉽게 접하기 힘든 몸매입니다. 모델들의 몸매가 이처럼 획일화되는 이유는 기업들이 기성복의 날렵한 디자인을 강조하기 위하여 마른 몸매의 모델을 선호하기 때문입니다. 그래야 디자인이 더욱 돋보이고 결과적으로 더 많이 판매할 수 있으니까요. 인기 있는 아이돌 걸 그룹 멤버들의 체형은 또 어떤가요? 이들도 크게 다르지 않습니다. 간혹 살집이 있는 멤버가 텔레비전에 나오거나 인터넷에 살쪄 보이는 사진이 뜨기라도 하면 이내 이런 종류의 악성 댓글들이 줄줄이 달리곤 하죠.

"저런 몸매로 어떻게 걸 그룹 멤버가 됐는지 모르겠다."
"쟤는 진짜 거울도 안 보나 봐!"
"자기관리도 안 하는 주제에 무슨 걸 그룹을 한다고…"

외모에 대한 악성 댓글과 비난 때문인지 몰라도 많은 걸 그룹 멤버들은 다이어트의 어려움을 하소연하면서도 영양실조에 시달릴 만큼 혹독한 몸매 관리에 열을 올리고 있다고 합니다. 여성의 몸을 대상화하고 특정 잣대로 외모를 평가하는 문화 속에서 어느덧 여성들은 자신의 몸을 있는 그대로 사랑하기보다는 관리해야 할 대상으로 여기며 늘 자기 몸을 감시하게 되죠.

다이어트는 비단 젊은이들만의 열풍은 아닙니다. 50살 전후의 중년 여배우들도 인터뷰를 통해 아름다움을 유지하는 비결에 대해 평생 동안 다이어트를 해왔음을 자랑스럽게 털어놓고, 이러한 고백에 대해 대중들은 찬사를 보내죠.

"평생 꾸준한 관리, 정말 대단하다."
"방부제 미모는 그냥 얻어지는 게 아니었어!"
"역시 프로페셔널 해!"

물론 배역에 딱 맞는 연기를 위해 몸매 관리를 비롯하여 자기 관리를 철저히 하는 것은 배우로서 마땅히 칭찬받을 만합니다. 하지만 군살 없이 늘씬한 몸매, 나이를 좀처럼 가늠할 수 없는 동안 미모가 과연 배우로서의 본질적인 자질인지에 대해서는 한번 생각해 볼 필요가 있지 않을까요?

못생기고 뚱뚱한 여성은 죄인?!

잠깐 언급했지만, 배우나 가수, 모델 등 미디어에 노출되어 아름다운 여성이라 칭해지는 이들 대부분은 정상보다 훨씬 마른 몸매의 소유자입니다. 그 때문인지 많은 사람들이 저체중의 비쩍 마른 체형이 이상적인 외모라는 강박에 사로잡힌 채 '살과의 전쟁'을 벌이고 있죠. 물론 미디어에는 뚱뚱한 여성들도 나오기는 합니다. 하지만 여러분도 알다시피 희화되는 경우가 많습니다. 예컨대 뚱뚱한 자신의 몸을 개그 소재로 삼아서 스스로를 비하하거나, 다른 출연자들이 그녀들의 몸매를 놀리는 것으로 웃음을 유발하는 식이죠. 미디어를 통해 뚱뚱한 몸매의 여성이 이처럼 희화되는 일이 반복되다 보면, 결국 뚱뚱한 여성은 비난과 혐오의 대상으로 변질되기도 합니다. 그리고 현실 속의 뚱뚱한 여성은 자신이 무슨 죄인이라도 된 양 잔뜩 위축되고 움츠러들기 쉽죠.

최근 SNS를 즐기는 사람들이 늘어나면서 자신의 SNS에 일상을 올리는 사람들이 많습니다. SNS를 하는 많은 여성들은 주로 사진과 함께 자신의 생각, 활동 등을 소개하는 글을 올리곤 합니다. 그런데 그를 본 누군가가 게시글의 내용과는 관계없이 사진에 드러난 외모만을 가지고 조롱의 댓글을 다는 경우가 종종 있습니다. 때로는 이로 인해 수치심을 느끼고 자존감까지 잃게 되는 경우도 있다고 합니다. 예를 들면 이런 식입니다. 여행에 대한 감상을 적은 SNS의 게시물에 다음과 같은 댓글이 달리는 거죠.

"여행 갈 돈 있으면 님 성형 수술부터 하는 것이…"
"비행기 옆 자리에 앉은 사람이 (네 외모 때문에) 많이 불편했겠다."
"저 정도 뚱보면 비행기 2자리 예약해야 하는 거 아님?"

여행기에 외모를 비웃고 조롱하는 듯한 댓글이 달린다면 어떨까요? 아마 또다시 여행기를 SNS에 올리기 주저하게 될 것입니다. 이처럼 외모에 대한 무분별한 평가는 다양한 경험을 통해 각자의 자아를 실현해 가는 활동에 장애물이 될 수 있습니다.

때로는 독이 되는 다이어트

물론 건강 때문에 다이어트가 꼭 필요한 경우도 있습니다. 비만은 건강에 치명적이니까요. 각종 성인병의 원인이 될 수 있으며, 관절이나 허리 등에 무리를 줄 수도 있습니다. 건강검진에서도 과체중인 경우 운동이나 식이요법을 통해 체중을 줄이도록 권유하는 것이 일반적입니다. 하지만 다이어트가 모두에게 필요한 것은 아닙니다. 오히려 정상체중을 가진 사람들이 무리하게 다이어트를 하다 보면 장점보다는 부작용이 더 많을 수 있습니다.

예컨대 다이어트를 심하게 하면 탈모가 올 수 있습니다. 다이어트로 인해 두피에 영양 공급이 원활하지 않아 머리카락이 가늘어지고 쉽게 끊기게 되죠. 또한 변비가 나타날 수 있습니다. 음식을 섭취하면 필요한 영양분은 인체에 공급되고 나머지의 노폐물이 빠져나가는 것이 자연스러운 순환의 원리입니다. 그런데 음식 섭취를 지나치게 줄이면 소화기관의 기능이 저하되면서 배변 활동에 어려움을 겪게 되거든요. 게다가 변비로 인해 장내에 변이 남아 있으면 독소가 신체에 악영향을 미칩니다. 독소 때문에 피부 트러블이 평소보다 많이 생기기도 하죠. 몸속의 독소를 빼는 것이 살을 빼는 것보다 훨씬 더 중요합니다.

극단적으로는 무리한 다이어트를 이어 가다가 음식 자체를 거부하는 거식증에 걸리기도 합니다. 간혹 여성 모델이 훨씬 더 마른 몸매를 갖기 위해 무리하게 다이어트를 하다가 거식증에 걸려서 생명의 위협을 받거나 아예 죽음에 이르게 된 불행한 사례도 있습니다. 피골이 상접한 모델의 사진이 기사로 올라오며 모두를 충격에 빠뜨리기도 했죠. 그녀들은 마치 기아를 방불케 할 정도로 뼈만 앙상하게 남은 상태에서도 여전히 자신이 뚱뚱하다고 느꼈다고 합니다. 게다가 거식증은 심리적인 면에도 영향을 끼쳐서 우울증과 같은 증상을 동반하기도 하죠. 이 외에도 지나친 다이어트는 단백질 부족을 야기하고, 성호르몬이 이에 영향을 받아서 생리불순과 같은 부작용을 일으키기도 합니다.

적절한 식단 조절과 운동으로 체중을 조절하지 않고, 다이어트 보조제와 같은 약물에 의존해서 살을 빼는 것은 더더욱 위험할 수 있습니다. 실제로 다이어트 보조제의 성분에 대해서 정확히 알려진 바가 없고, 억지로 수분을 배출하거나 식욕을 억제해 주는 약은 자칫 건강에 치명적일 수 있습니다. 그럼에도 효과가 입증된 살 빼는 약이라는 이름으로 온라인과 오프라인 상에서 광고가 되고 있으며, 적지 않은 사람들이 이를 복용하고 있고, 이 중에는 청소년들도 적잖이 포함되어 있는 실정입니다.

건강하고 행복한 삶을 위해서는 몸매보다는 몸의 기능에 집중해야 합니다. 이 세상에는 똑같이 생긴 사람이 없습니다. 몸매도 마찬가지입니다. 인종에 따라, 유전적 요인에 따라, 운동이나 식사 등 생활습관에 따라 다양한 몸을 가지고 있습니다. 이렇듯 저마다 다른데, 미디어에 나오는 연예인들의 마른 몸매를 무작정 닮기 위해서 대다수의 여성들이 다이어트에 몰입하는 것은 결코 정상적인 현상이라 말할 수 없을 것입니다.

외모에 대한 강박에서 벗어나 스스로를 사랑한다는 것

이와 같은 비정상적인 현상을 줄이기 위해서는 객관적으로 자신의 몸을 살펴보고 다이어트가 나에게 정말로 필요한지 곰곰이 생각해 보아야 합니다. 건강하고 행복한 삶을 위해서 감량이 필요하거나 적정하게 근육량을 늘려야 한다고 판단되면 식단을 바꾸고 규칙적인 운동을 하는 것이 선행되어야 하겠죠.

특히 성장기에 있는 청소년이라면 다이어트를 하기 전에 다이어트가 키, 적정한 발육 등 성장에 미치는 영향에 대하여 좀 더 꼼꼼히 살펴보아야 합니다. 우리 몸의 각 부분은 고유한 기능을 가지고 있는데, 그 기능들이 모두 원활하게 수행될 때 우리는 건강하고 행복한 생활을 할 수 있습니다. 이는 무시한 채 오직 다이어트로 몸을 날씬하게 만들려고 끊임없이 통제하다 보면 어느새 우리 몸의 각 부분이 수행해야 할 본연의 기능에 대해서는 소홀하게 됩니다.

다이어트를 하는 이유가 정말로 나에게 필요해서 하는 것인지 아니면 다른 사람들의 시선, 즉 외모 평가에 민감하게 반응한 탓은 아닌지에 대해서도 돌아봐야 합니다. 여러분의 몸은 소중하며, 각자의 개성과 아름다움을 지닌 존재입니다. 모든 여성들이 미디어에 나와 있는 연예인들과 비슷한 몸매를 갖는다는 것은 불가능할 뿐만 아니라 그렇게 되려고 스스로를 다그치다 보면 오히려 자신만의 진정한 매력을 발견하고 가꿀 기회를 잃어버리게 됩니다.

어느 텔레비전 프로그램에서 본 내용입니다. 데뷔 때부터 성량이 풍부하고 음역대가 넓어 가창력이 뛰어나다는 찬사를 듣던 한 여가수의 이야기였죠. 데뷔 후 그녀는 자신의 다소 통통한 신체에 대한 음반제작자 및 대중들의 지적에 적잖은 스트레스를 받았다고 합니다. 그래서 지독한 다이어트 끝에 대중들이 선호하는 마른 몸매를 갖게 되었죠. 그런데 체중 감소 이후 예전만큼 노래를 잘할 수 없어 정작 본업인 가수로서의 자신감이 약해졌던 경험을 털어놓으며 울먹였습니다. 결국 그녀는 다이어트를 포기하고 가창력을 선택했고, 이제는 자신의 몸매를 지적하는 시선에 예전만큼 신경을 쓰지 않는다며 당당하게 웃으며 말했습니다. 가수로서 자신의 진정한 아름다움을 깨달은 그녀에게 박수를 보내고 싶습니다.

그런데 가수의 사연만큼이나 인상적이었던 게 하나 더 있습니다. 그것은 바로 방청석의 많은 여성들이 그 여가수의 이야기를 들으며 함께 눈물을 흘렸다는 것입니다. 아마도 수많은 여성들이 사회적으로 외모 평가에 따르는 스트레스, 다이어트에 대한 강박 경험에 크게 공감했기 때문일 것입니다.

최근에는 플러스사이즈 모델이라고 하여 뚱뚱한 여성들도 패션모델로 많이 활동하고 있습니다. 그리고 이들을 응원하는 대중들도 많습니다. 또한 텔레비전 예능 프로그램에서 어느 여자 연예인이 수영복을 입고 자신의 풍만한 몸매를 당당하게 드러냈습니다. 해당 방송에 대한 네티즌들의 댓글은 대체로 그녀의 당당한 태도를 지지하는 것이었죠. 다이어트를 강요하는 사회에 조금씩 변화가 찾아오는 것 같아 반가웠습니다.

여러분도 외모 강박에서 벗어나 똑같은 모습만 비추려는 거울을 이제 치워버렸으면 합니다. 그리고 스스로 세상을 당당히 바라보며, 내가 무엇을 할 수 있고, 나를 어떻게 사랑할 것인지부터 생각한다면 이러한 변화는 더욱 구체화될 것입니다.

 서로 존중하며 더불어 사는 사회를 만드는 작은 시작

비만은 만병의 근원이며, 다이어트 그 자체가 나쁜 것은 아니죠. 하지만 혹시 세상이 만들어 놓은 기준에 자신을 억지로 맞추기 위해 다이어트를 하고 있다면 참으로 슬픈 일입니다. 무리한 다이어트로 만든 몸매보다 스스로의 장점을 발견하고, 세상의 편견에 당당히 맞서는 자세가 훨씬 더 아름답다는 것을 잊지 말았으면 합니다.

미니스커트는 죄가 없다
"왜 세상은 여자들의 옷차림에 가혹하죠?"

교복을 본래 제작된 상태 그대로 입는 학생이 과연 얼마나 될까요? 많은 학생들이 교복 리폼을 당연하게 여깁니다. 과거에도 여학생들은 치마의 허리를 수차례 접어서 긴 치맛단을 마치 미니스커트처럼 짧게 올려서 입기도 했죠. 남학생의 경우 셔츠의 단추를 풀어헤치거나 타이를 삐딱하게 메는 등으로 등굣길 학생부장 선생님의 심기를 불편하게 만들기도 했고요.

모두 비슷하게 교복을 고치면서 개성이라고?

우리 학교에도 많은 학생들이 교복을 변형하여 입고 있습니다. 이에 대해서 개성을 표현하고자 하는 욕구가 강한 청소년 세대에게 천편일률적인 교복은 리폼의 대상이 될 수밖에 없다고 항변하는 이들도 있죠. 즉 학생들이 교복을 변형하여 입는 것은 나름대로 개성을 표현하는 방법이라고 긍정적으로 평가하는 것입니다.

이러한 주장에 한편으론 고개를 끄덕이게 되지만, 솔직히 100% 동의할 순 없습니다. 왜냐하면 '개성의 표현'이라고 하기에는 변형한 교복 모양이 거의 대부분 비슷하기 때문입니다. 예컨대 남학생들은 대부분 교복 바지의 통을 최대한 줄여 몸에 쫙 달라붙게 입고, 여학생들은 교복 치마의 길이를 무릎 위로 올라오도록 짧게 줄여 입는 경우가 많습니다. 때로는 거의 허벅지가 다 드러날 만큼 치마를 짧게 줄이는 학생도 있죠. 학교 인근 주민들로부터 학생들의 과도한 교복 리폼, 특히 여학생들의 짧은 치마 길이를 지적하는 항의성 전화가 학교로 걸려 오기도 합니다.

> "학교에서 학생들 복장 지도를 안 합니까? 여학생들의 치마 길이
> 가 너무 짧아 속옷이 다 보일 지경입니다. 노출이 심한 차림으로
> 다니다가 봉변이라도 당하면 어떻게 하려고 그러는 겁니까!"

여학생들에게 왜 치마를 짧게 입느냐고 물으면, 대부분 이렇게 대답합니다.

> "예뻐 보이잖아요!",
> "남들 다 짧게 입는데, 나만 길게 입으면 촌스러워 보여요!"

결국 두 가지 이유로 정리되는 것 같군요. 하나는 '예쁘게' 보이기

위해서, 또 다른 하나는 짧은 치마가 이른 바 '대세'이기 때문이라는 거죠. 짧은 치마가 대세가 된 것은 누군가 짧은 치마를 입은 모습이 예뻐 보여 점차 그 모습을 모방하는 사람들이 많아졌기 때문일 것입니다. 아무튼 여학생들이 교복 치마를 짧게 줄여 입는 주요 이유는 아름다움에 대한 욕구라고 할 수 있습니다.

여성의 아름다움을 자유롭게 드러내다

우리가 보통 '미니스커트'라고 부르는, 무릎 위로 올라오는 짧은 치마를 처음 선보인 사람의 의도도 따르지 않았습니다. 즉 여성의 아름다움을 표현하기 위해 만든 것이었죠.

1964년 영국의 패션 디자이너였던 메리 콴트(Mary Quant)는 여성의 아름다움을 잘 나타내 줄 수 있는 옷이 무엇일지 고민했습니다. 그러다가 남자들에게서 찾아볼 수 없는 여자들의 각선미를 드러낼 수 있는 옷으로 미니스커트를 만든 것이라고 합니다. 그녀는 '여자의 아름다움은 당당히 공개되어야 한다.'는 생각을 가지고 있었다고 합니다.

지금의 기준으로 보면 너무나 당연한 생각이겠지만, 당시만 해도 여자가 자신의 아름다움을 선보이기 위해 허벅지를 공개적으로 드러낼 수 있다는 생각은 사회적 금기를 깨뜨리는 파격이었죠. 그만큼 대단히 급진적인 것이었습니다. 실제로 미니스커트가 처음 등장하였을 때만 해도 미풍양속을 저해하는 복장이라며, 사회적으로 지탄의 대상이 되었다고 합니다.

굳이 다리를 드러내는 미니스커트뿐만이 아닙니다. 오래전부터 여성들에게는 복장과 관련된 몇 가지 금기 사항이 있었습니다. 대표적인 몇 가지 예를 들어볼까요? 여자들이 남편이나 연인을 제외한 다른 남자들에게 머리카락, 특히 풀어 헤쳐진 머리카락을 보이는 것을 금기시했습니다. 그래서 여자들은 베일이나 모자 등으로 머리카락을 가리고 다녀야만 했죠. 여성의 머리카락이 남성들에게 성적 충동을 일으킨다는 이유였습니다.

마찬가지 이유로 여자들이 다리를 드러내는 것 또한 일종의 외설 행위로 간주되어 금기시되었던 것입니다. "여자들이 다리를 노출하고 다니면 남자들로 하여금 죄를 짓게 만드니 가리고 다녀야 한다."는 주장이었죠.

그런데 이처럼 엄격하게 금기시되어 왔던 복장이었음에도 불구하고 미니스커트는 처음 등장한 지 얼마 지나지 않아 여성들 사이에서 가히 폭발적인 인기를 얻게 됩니다. 미니스커트가 얼마나 큰 성공을 거두었는가 하면 후에 메리 콴트가 수출 증대에 기여하였다는 공로를 인정받아 영국 정부로부터 훈장까지 받았다는 사실이 잘 말해 줍니다. 미니스커트의 열풍에 대해 당시 여자들에게 미니스커트는 단순한 패션 아이템을 넘어 여자들을 옥죄던 금기로부터의 해방을 선언하는 의미를 담고 있었기 때문에 일어난 현상이라고 진단하는 사람도 있습니다.

남성 중심 사회가 미니스커트에 씌운 억울한 오명

미니스커트는 이렇듯 여성 해방의 상징과 같습니다. 하지만 여학생들의 짧은 교복 치마에 대한 많은 사람들의 비난과 우려에서 충분히 짐작할 수 있듯이, 여전히 미니스커트를 여성들의 노출을 상징하는 복장으로 여기며 곱지 않은 시선으로 바라보는 사람들도 적지 않습니다.

　좀 더 정확하게 표현하면 그런 시각을 가진 사람들은 미니스커트를 입고 다니는 여성 자체를 비뚤어진 시각으로 바라보고 있다는 뜻입니다. 이처럼 미니스커트에 대해서 두 가지 시선이 공존하고 있습니다. 여러분은 어떤 시선을 갖고 있나요? 여러분이 가지고 있는 생각이 무엇인지 좀 더 명확하게 깨달을 수 있도록 질문을 하나 던지려 합니다.

　　"만약 몸매가 훤히 드러나는 미니스커트를 입고 있는 여자를 보고,
　　성적 충동을 느낀 한 남자가 여성에게 성폭력을 가했다면, 그 여자
　　에게도 조금의 책임이 있다고 생각하십니까?"

이 질문에 대해 곧바로 미니스커트는 여성이 자신의 아름다움을 당당히 표현하는 방식일 뿐 어떤 경우라도 결코 성폭력의 이유가 될 수 없다고 생각한다면, 아마도 이 질문 자체를 어처구니없다고 여길 것입니다. 반면 이 질문에 대한 대답을 잠시라도 망설였다면 어

쩌면 여러분의 의식 한구석에 미니스커트는 성적으로 '헤픈' 여자의 '나쁜' 복장이라는 생각이 자리 잡고 있는지도 모릅니다.

여기에서 우리가 절대 잊지 말아야 할 중요한 사실이 있습니다. 그것은 바로 성폭력 가해자의 잘못은 어떤 이유에서든 절대로 합리화될 수 없다는 점입니다. 성폭력은 명백한 인권침해이고, 중대한 범죄입니다. 옷차림을 이유로 성폭력 피해자에게 책임을 일부 떠넘기는 것은 비겁함을 넘어 이미 상처 난 인권에 소금을 뿌리는 또 다른 가해 행위인 것입니다.

몸에 상처가 나면 적절한 치료를 통해 후유증 없이 회복할 수 있도록 하여야 합니다. 더욱이 인권에 난 상처는 단순한 외상보다 훨씬 더 신중한 치료가 필요하죠. 왜냐하면 인권에 상처가 났다는 것은 인간성의 근저를 이루는 자존감을 다쳤다는 의미이기 때문입니다. 자존감이 약해지면 다른 사람과 관계를 맺고 함께 생활하는 데 어려움을 겪을 수밖에 없습니다.

결국 인간다운 삶을 살아가기가 어려워집니다. 옷차림을 이유로 성폭력 피해자를 비난하는 것은 회복되어야 할 자존감에 다시 한번 크나큰 상처를 입히는 것과 다르지 않습니다. 성폭력 피해자에 대한 주변 사람들의 부정적인 시선이나 책임 전가 등과 같은 2차 가해는 그들을 더욱 커다란 정신적 고통 속으로 몰아넣습니다. 심지어 고통을 견디지 못해 극단적인 비극적 선택을 하게 되는 경우도 있습니다. 2차 가해가 얼마나 무섭고 잔인한 행위인지 문제점을 잘 보여준다고 하겠습니다.

남성과 여성을 바라보는 사회의 이중잣대

만약 미니스커트와 같이 노출이 심한 옷차림에 대해 불편함, 거부감을 느낀다면, 이는 '여자의 옷차림'이 아닌 '인간의 옷차림'이라는 차원에서 다루어지는 게 마땅할 것입니다. 말하자면 여자의 노출이 문제가 된다면, 남자의 노출 또한 문제가 되어야 하는 게 당연하다는 뜻이죠.

여러분에게 소개하고 싶은 일화가 하나 있습니다. 2018년 US 오픈 테니스 대회에서 있었던 일입니다. 알리제 코네라는 여자 테니스 선수가 코트 위에서 상의를 고쳐 입다가 심판으로부터 규정 위반이라고 경고를 받은 사건입니다. 당시 그녀는 3세트 경기를 위해 코트에 나섰다가 자신이 입고 있던 셔츠의 앞뒤가 바뀌었음을 깨달았죠. 이에 그녀는 카메라를 등진 뒤 옷을 고쳐 입었고, 이로 인해 경고를 받은 것입니다. 그런데 문제는 그동안 남자 선수들은 종종 코트 위에서 상반신을 드러낸 채 옷을 갈아입어도 아무런 제재를 받지 않았다는 것입니다. 혹시 심판이 탈의 규정을 잘못 알고 있었던 게 아닌가 하는 의문이 일었지만, 실제로 US 오픈을 포함한 세계의 주요 테니스 대회 규정은 오직 여자 선수들에 대해서만 코트 위 탈의를 금지하는 것으로 확인됐습니다.

많은 사람들이 이에 대해 성차별이라고 문제를 제기하였고, 결국 미국테니스협회는 이후 남녀 선수에게 차별적 탈의 규정을 적용하지 않기로 조치하겠다고 밝혔습니다. 남자 선수에게 코트 위 탈의가 인정된다면, 여자 선수에게도 인정되어야 마땅합니다. 선수들이 시합 도중 코트에서 부득이하게 옷을 갈아입는 이유는 성적 매력을 뽐내기 위해서가 아니라 옷이 땀에 젖어 몸에 달라붙고 무거워지면 경기력에 지장을 주기 때문입니다. 그런데 경기 중에 남자 선수들만 땀을 흘릴까요? 땀을 흘리는 건 여자 선수들도 마찬가지입니다. 그리고 테니스장을 찾아 온 관중들 대부분은 선수들의 몸매를 감상하러 온 것이 아니라 그들이 치열하게 경기하는 모습을 응원하러 온 것입니다. 굳이 여자 선수의 노출만 문제로 삼는 생각의 저변에는 여자를 남자의 성적 쾌락의 대상으로 여기는 차별적 사고가 깔려 있는 게 아닌지 생각해 봐야 합니다.

일반적으로 옷의 기능은 체온을 유지해서 신체를 보호하고, 여러 가지 활동을 편안하게 할 수 있도록 돕는 것입니다. 그뿐만 아니라 우리는 옷을 통해 자신의 아름다움과 개성을 표현하기도 하죠. 앞에서 언급한 바와 같이 메리 콴트도 여성들의 아름다운 각선미를 드러낼 수 있는 의상으로 미니스커트를 만들었으니까요.

여성의 늘씬하게 쭉 뻗은 다리는 대표적인 미인의 신체 조건으로 여겨집니다. 그리고 미니스커트, 숏 팬츠 등 각선미를 마음껏 드러낼 수 있는 의상이 유행하게 되면서 늘씬한 다리를 가꾸기 위해 노력하는 여성들이 증가한 것도 사실입니다. 심지어 이른 바 '걸 그룹 주사'라고 불리는 화학적 처치까지 받으면서 늘씬한 다리를 만들려는 사람들도 있으니까요. 하지만 이런 경우 자칫 건강을 해치는 부작용이 발생하기도 하죠.

그런데 늘씬한 다리와 같은 아름다운 신체의 기준은 대체 누가 만든 것일까요? 그리고 늘씬함의 기준은 과연 절대적인 것일까요? 혹시 누군가 만들어 놓은 막연한 기준에 우리 모두 무심코 세뇌를 당하고 있는 건 아닐까요? 미니스커트가 여자의 아름다움을 표현하는 하나의 방법이라면 '아름다움이란 무엇일까'에 대한 각자의 고민도 필요하다는 생각입니다.

 ## 서로 존중하며 더불어 사는 사회를 만드는 작은 시작

미니스커트를 입고 자신의 신체를 당당히 드러내는 것은 개인의 자유입니다. 하지만 어떤 경우에도 미니스커트가 변명거리가 되어서는 안 됩니다. 미니스커트 아래로 드러난 다리를 보고 느끼는 성적 쾌감을 합리화하는 것도, 미니스커트를 입은 걸 그룹 멤버의 가느다란 다리를 동경해 무리한 노력을 하는 것도 어쩌면 모두 미니스커트에 대한 모독, 아니 인간에 대한 모독일 수 있으니까요.

화장하는 청소년

"예뻐 보이고 싶은 게 죄인가요?"

벌써 십여 년이 훌쩍 지난 일입니다. 그때만 해도 학생들의 화장은 교칙에서 엄격하게 금하고 있을 때였죠. 그래서 불쑥불쑥 화장 검사를 하거나 소지품을 단속하는 일이 더러 있었습니다. 그 무렵 교내에서 실시한 화장 검사 때문에 한 여학생이 엉엉 울면서 항의하던 모습이 아직도 눈에 선합니다.

사실 그 학생은 매일 쌍꺼풀 액을 바르고 다녔습니다. 콤플렉스였던 작은 눈을 커보이게 하고 싶어서 언젠가부터 쌍꺼풀 액을 바르기 시작했다고 합니다. 그런데 이제는 이것을 바르지 않으면 눈이 정말 이상해 보여서 학교에 올 수 없다고 했습니다. 그 학생은 서럽게 울면서 선생님들이 화장 검사를 하면서 쌍꺼풀 액을 바르는 것마저 제지하는 것 때문에 너무 힘들다고 말했습니다. 그러면서 여름방학 때까지만 선생님들께서 눈감아주면 방학을 이용해서 쌍꺼풀 수술을 하겠다고 사정했죠. 교무실에서 서럽게 울면서 이야기하는 여학생을 보면서 마음이 너무 아팠습니다.

교내 화장 단속과 청소년 인권

2000년대 초반부터 중학생들 사이에서도 화장이 유행처럼 번지기 시작했습니다. 당시 근무했던 중학교에서도 청소년들이 구입하기에 부담스러운 수준이기는 했지만 용돈을 모아서 종류별로 화장품을 사고, 이를 파우치에 담아 애지중지하며 가지고 다니던 여학생들이 꽤 있었던 것으로 기억합니다. 그러나 그때만 해도 학교에서는 교칙을 앞세워 무조건 단속하기 바빴죠.

교칙에 따라서 선생님들은 화장한 학생을 찾아내는 대로 야단쳤고, 경우에 따라서는 그 자리에서 바로 클렌징 티슈로 화장을 지우고 당장 세수를 하고 오라며 다그치기도 했습니다. 학생들에게는 보물단지나 다름없는 화장품 파우치를 압수하기도 했죠. 당연히 선생님들과 학생들 사이에 갈등이 생겼습니다. 갈등이 점점 깊어지면서 본인의 신체를 어떻게 꾸미든 그것은 개인의 자유인데, 강압적인 방법으로 제지하는 것이 과연 옳은가에 대해서 논쟁이 일기 시작했습니다. 그리고 몇 년 뒤 학생인권조례가 제정될 때 화장에 대한 과도한 규제가 학생인권침해의 사례로 제시되었죠.

서울시 학생인권조례

제12조(개성을 실현할 권리) ① 학생은 복장, 두발 등 용모에 있어서 자신의 개성을 실현할 권리를 갖는다.

② 학교의 장 및 교직원은 학생의 의사에 반하여 복장, 두발 등 용

모에 대해 규제하여서는 아니 된다. 다만, 복장에 대해서는 학교규

칙으로 제한할 수 있다.

학교마다 정해진 교복을 매일 입고 다녀야 하는 학생들에게는 외적으로 개성을 표현할 수 있을 만한 방법이 솔직히 별로 없습니다. 그렇기 때문에 교복을 변형하거나 화장을 하는 것은 나름대로 학생들이 자신의 개성을 표현하는 하나의 방법이라고 할 수 있겠죠. 화장을 한다고 해서 다른 사람들에게 별다른 피해를 주는 것도 아니고, 화장 때문에 학습권을 침해한다는 것도 설득력이 떨어집니다. 왜냐하면 학생이 오직 공부만 해야 하는 존재는 아니니까요. 누구든 자유롭게 자신의 신체를 꾸미고 자신의 개성을 표현할 수 있는 것인데, 화장에 대하여 과도하게 제재를 가한다는 것은 일종의 인권침해라고 판단한 것입니다.

최근 거리 곳곳에 화장품 가게들이 즐비하고, 예전에 비해 화장품 가격도 저렴해지면서 이제 화장은 하나의 청소년 문화가 되었습니다. 더욱이 화장하는 연령도 계속 낮아져 심지어 초등학교에서도 화장하는 여학생들이 늘고 있다고 합니다.

이러한 상황이라면 여학생들의 화장에 대해 새롭게 접근할 필요가 있습니다. 최근에는 학생인권조례의 제정에 힘입어 각급 학교의 교칙을 인권 친화적으로 개정하면서 '화장을 금한다'와 같은 문구는 삭제하는 대신에 '화장이나 염색을 하지 않는 것을 권장한다'는 방향으로 바뀌고 있습니다.

개성의 표현인가, 강요된 미적 기준에 대한 굴복인가

나도 교사이지만, 학교에서 화장하는 학생들에게 따로 제재를 가하거나 핀잔을 주지는 않습니다. 집에서도 사춘기에 접어든 둘째 딸이 한 번씩 색조화장을 하는 것을 알지만, 화장하지 말라고 잔소리를 하는 대신에 자기 전에 깨끗이 지우라고만 합니다. 이미 청소년들 사이에서 화장이 당연시되는 마당에, 계속 이 문제로 갈등한다면 해결은커녕 서로에게 상처가 될 뿐이죠. 그렇다고 오해는 말았으면 합니다. 여학생들의 화장을 권장한다는 뜻은 결코 아니니까요.

여러분이 화장에 대해 좀 더 새로운 시각에서 접근할 수 있도록 처음에 이야기한 쌍꺼풀 액을 바르던 여학생의 사례를 다시 꺼내 볼까 합니다. 이 여학생의 사례를 돌아보며 여러분에게 다음과 같은 질문을 던져 보려 합니다.

- 눈이 커 보이고 싶어서 쌍꺼풀 액을 바르고 눈 화장을 하는 것이 개인의 개성을 드러내고 자유롭게 아름다움을 추구하는 행위라고 긍정적으로만 평가할 수 있을까요?
- 수술이나 쌍꺼풀 액으로 모두가 쌍꺼풀이 있는 커다란 눈을 가지고 있다면 그것을 개성의 표현이라고 할 수 있을까요?
- 쌍꺼풀 없는 눈은 아름다운 눈이 아닐까요?
- 왜 많은 사람들이 쌍꺼풀이 있는 커다란 눈만 아름다운 눈이라고 생각하게 되었을까요?

보티첼리의 〈비너스의 탄생〉에서   신윤복의 〈미인도〉에서

> ■ 쌍꺼풀 액을 바르던 그 여학생처럼 어느 날부터 맨얼굴로는 외
> 출조차 할 수 없게 된다면 어떻게 해야 할까요?

여러분은 위의 질문에 어떻게 답하겠습니까? 아마도 선뜻 대답하기 어려울 거라고 생각합니다. 대부분의 사람들은 아름다운 외모를 가지고 싶어 합니다. 즉 아름답고 예뻐지고 싶은 건 자연스러운 욕망이죠. 그런데 사람들이 바라는 아름다운 외모에 대한 기준은 과연 절대적인 것일까요? 위의 그림은 과거 동양과 서양의 전형적인 미인을 그린 것입니다. 한눈에 보아도 아름다운 얼굴의 기준이 서로 확연히 다르다는 것을 알 수 있습니다. 얼굴뿐만이 아닙니다. 체형도 어느 사회에서는 살집이 있는 체형을, 어느 사회에서는 마른 체형을 아름답다고 여기죠. 이는 아름다운 외모에 대한 기준이 상대적이라는 것을 보여줍니다. 그럼에도 불구하고 과거부터도 어떤 사회에서 다수의 사람들이 선망하는 다소 획일적인 미의 기준이 있었던 게 사실입니다. 즉 아름다운 외모에 대한 전형(典型)을 가지고 있다는 것이죠. 아름다운 외모에 대한 전형이란 과거에는 신화, 영웅담, 동화 등에 등장하는 주인공들이었고, 현대에는 인터넷, TV, 영화 등의 매체를 통해 비춰지는 연예인들일 것입니다. 그리고 많은 사람들이 그들의 얼굴과 몸매에 열광하고, 조금이라도 더 닮기 위해 갖은 노력을 다하고 있습니다.

그런데 오직 이러한 전형에만 집착하며 외모를 가꾸다 보면 자기 본래의 모습에 전혀 만족하지 못하게 됩니다. 나아가 자존감마저 약해질 수도 있죠. 이것은 참으로 슬픈 일이 아닐 수 없습니다.

인간은 모두 아름다운 존재

다소 뻔한 이야기 같지만, 우리 모두는 나름대로 아름다운 모습을 가지고 있습니다. 여러분을 포함해 인간이라면 누구나 경이롭고 신비하며 아름다운 존재입니다.

여러분 중에 누군가는 작은 키, 까무잡잡한 피부, 쌍꺼풀이 없는 작은 눈, 낮은 코, 뚱뚱한 몸매 등을 이유로 스스로를 아름답지 않다고 여길지도 모릅니다. 하지만 꼭 많은 사람들이 떠올리는 아름다운 외모의 전형일 필요가 있을까요? 아름다움이란 본래 상대적인 것인데 말이죠. 미의 전형은 아닐지라도 스스로의 가치를 인정하고, 자신에게 만족하며 밝고 당당한 태도를 보여줄 수 있다면 그 사람은

진심으로 그리고 충분히 아름다운 사람입니다.

국어사전을 찾아보면 아름다움이란 "모양, 색깔, 소리 등이 마음에 들고 만족스러운 느낌"이라고 정의하고 있습니다. 그런데 마음에 들고 만족스러운 느낌은 사람마다 상대적인 것이 아닐까요? 이처럼 아름다움의 기준은 절대적인 것이 아니라 개인마다 다른 것입니다. 그렇기 때문에 고유한 개성을 당당하게 표현하는 것이야말로 진정한 아름다움이죠.

화장도 개성을 표현하는 하나의 방법이라고 할 때, 화장을 할지 안 할지 또 화장을 한다면 어떤 식으로 할지는 오롯이 각자의 자유로운 판단에 맡겨야 할 사항입니다. 하지만 막연하게 광고 속 모델이나 TV, 영화 등 대중매체에서 주목하는 연예인들처럼 보이기 위해 비슷하게 화장하고 자신의 외모를 꾸미는 것이 과연 개성의 표현인지는 다시 한 번 생각해 봐야 하지 않을까요?

특정 기준으로 외모를 평가한다는 건 어떻게 보면 그 자체로 허상을 좇는 것이나 마찬가지입니다. 왜냐하면 아름다움이란 상대적일 뿐만 아니라, 전형적이라고 하는 미의 기준 또한 역사적으로 계속 바뀌어 왔으니까요. 그런데 요즘 세상의 전형적 미인이라고 일컬어지는 연예인을 따라 화장을 하고 외모를 가꾸는 사람들을 보면 마치 불변의 확고한 기준이라도 되는 것인 양 착각합니다. 더 안타까운 건 그 기준에 의해 자신의 외모가 높게 평가받아야 한다는 심리적 압박까지 받고 있는 것이죠. 어쩌면 이러한 행동은 스스로를 고통스러운 마음으로 몰아가는 것이나 다름없습니다.

화장과 건강

대부분의 화장품에는 화학약품 성분이 들어갑니다. 어릴 때부터 이런 제품에 많이 노출되면 건강을 해칠 수도 있습니다. 그렇기 때문에 화장품에 포함된 각종 성분이 안전한 것인지 체크해 볼 필요가 있다는 것을 소비자, 특히 청소년들에게 알려야 합니다. 어린 청소년 사이에서 보편화된 화장 문화를 생각할 때 화장품 용기나 포장 겉면에 적혀 있는 함유성분, 사용법, 사용시 주의사항 등을 확인하고 사용 목적, 피부 상태, 성별 등을 고려해 자신에게 맞는 제품을 선택할 수 있도록 안내해야 합니다. 하지만 제품 판매에 적극적인 화장품 회사들은 이 부분에 대해서는 소극적입니다. 깨끗한 손으로 화장품을 바르고 사용 후에는 뚜껑을 잘 닫아서 관리해야 하며, 틴트 등을 친구들과 같이 쓰는 것은 비위생적임을 알 필요가 있습니다. 또한 학교 화장실이나 교실의 거울 앞에서 틴트를 바르면서 벽이나 거울에 틴트를 묻히는 것 등은 같은 공간을 사용하는 다른 사람에게 피해가 되는 행동임을 인식할 수 있도록 화장의 올바른 에티켓도 알아야 할 것입니다.

외모는 능력의 요소가 될 수 있을까?

어떤 외모인지에 상관없이 인간은 모두 아름답다고 하면 짐짓 불편해 하는 사람들이 있습니다. 그들은 이 세상은 아름다운 사람들에게만 관대하다고 항변하죠. 아울러 아름다운 외모는 이 사회의 중요한 경쟁력이라고 말합니다. 그래서인지 많은 여성들이 외모도 하나의 경쟁력이라고 인식하고, 그 사회의 전형적인 미의 기준에 자신을 맞추려고 더욱 애를 쓰는 경향이 있습니다. 하지만 전형적인 미인의 외모라고 일컬어지는 모습을 기준으로 삼아 자신의 외모를 꾸미는 데 너무 많은 열정과 시간을 쓰는 것을 우리는 어떻게 바라봐야 할까요?

우리는 능력 또는 업적에 따라 사회적 희소가치를 배분하는 것이 공정하다는 통념을 가지고 있습니다. 예를 들어 성적이 우수한 학생들이 이른바 명문대학교에 입학하고, 자신의 직무 능력을 잘 발휘하는 사람일수록 높은 자리에 오르고 더 많은 소득을 올려야 한다고 생각하는 사람들이 많죠.

다만, 우리가 개인의 능력이라고 여기는 것들이 사실은 부모의 소득 수준, 거주 지역 등 그 사람의 출신 배경이나 성장 환경에 꽤 많은 영향을 받는다는 사실을 감안하면 능력에 따른 배분이 정말 공정한 것인가도 찬찬히 따져 보아야 할 문제입니다. 하지만 이 문제까지 모두 다루려면 아마도 너무나 긴 이야기가 될 것 같습니다. 그래서 여기서는 '과연 외모도 능력의 한 요소라고 할 수 있는가?'라는 문제를 중심으로 생각해 보려 합니다.

능력이라는 것은 소위 '우수하다, 미흡하다' 또는 '크다, 작다' 등으로 평가할 수 있는 것들이죠. 그런데 외모는 앞에서도 언급한 바와 같이 개개인이 가지고 있는 신체적 특징이지 어떤 절대적 기준에 의해 평가할 수 있는 것이 아닙니다. 예를 들어 볼까요? 먼저 '크다'라는 기준을 살펴봅시다. 눈이 '커서 예쁘다'라고 평가하려면 과연 얼마나 어떻게 커야 한다는 뜻일까요? 어떤 사람은 쌍꺼풀이 짙고, 눈매가 깊은 서양인에 가까운 둥근 눈인지에 초점을 맞출 것입니다. 그런데 요즘 다시 동양적 외모가 관심을 받다 보니 쌍꺼풀은 없지만 가로로 길게 뻗은 시원한 눈매를 선호하는 사람도 있겠군요. 그런데 또 어떤 사람은 눈 자체의 크기보다는 전체적인 이목구비의 균형이 더 중요할 수도 있습니다. 여러분은 어떤가요? 아마 의견이 이리저리 갈릴 게 뻔합니다. 이처럼 외모는 절대적인 기준으로는 도저히 평가할 수 없는 것입니다.

또한 '키가 작은 사람과 키가 큰 사람 중 누가 더 우수한 사람인가요?', '커다란 눈을 가지고 있는 사람과 그렇지 않은 사람 중 누가 더 뛰어난 능력을 가지고 있나요?' 이러한 질문에도 정답은 없죠. 즉 외모는 능력이라는 범주로 묶을 수 없는 것이 자명합니다. 그럼에도 불구하고 '외모도 능력 또는 경쟁력'이라는 생각의 틀을 어릴 때부터 갖게 한다면, 과거 울면서 쌍꺼풀 액을 허용해 달라고 호소하던 그 여학생처럼 심리적 압박과 좌절감을 견디지 못해 고통 받는 사람들만 점점 더 많아질 뿐입니다. 그런 고통을 받는 사람들이 많은 사회라면 분명 불행한 사회일 것입니다.

탈코르셋 운동의 진정한 의미

여러분도 아마 '탈코르셋 운동'이라는 말을 들어 보았을 것입니다.

최근에 여성들 사이에서 벌어지고 있는 탈코르셋 운동은 여성들이 알게 모르게 사회적으로 강요받고 있는 이른바 '아름다운 외모 꾸밈'에 대해서 다시 생각해 볼 수 있는 계기가 되는 것 같습니다. 탈코르셋 운동에 참여하는 여성들은 짙은 화장과 서클렌즈 속에 꼭꼭 감춰 두었던 민낯을 공개한다거나, 몸을 옥죄는 갑갑한 속옷을 벗어 던지거나, 오랫동안 길러 온 치렁치렁한 긴 머리를 싹둑 잘라냅니다. 더 이상 사회가 여성에게 강요하는 미적 기준에 얽매이지 않겠다는 상징적인 행동이겠지요.

미국에서는 이미 1960년대 말부터 탈코르셋 운동이 시작되었다고 합니다. 1968년 9월 미국 애틀랜틱시티에서 미스 아메리카 대회가 열렸을 때, 대회장 밖에서는 이 대회에 반대하는 200여 명의 여성들이 모였죠. 그들은 '자유의 쓰레기통(Freedom Trash Can)'이라고 이름 붙인 쓰레기통에 치마와 속옷, 가짜 속눈썹 등을 던져버리는 퍼포먼스를 선보였습니다. 그 후 탈코르셋 운동은 1970년대 초반 미국 여성 해방 운동의 주요 의제였다고 합니다. 현재 우리나라의 탈코르셋 운동은 주로 젊은 여성들이 주도하고 참여하고 있는데, 잠깐 언급한 것처럼 화장을 하지 않은 얼굴, 브래지어의 미착용 모습 등을 찍어 SNS를 통해 공유하는 탈코르셋 인증도 이와 비슷한 맥락이라고 볼 수 있습니다.

물론 항간에는 탈코르셋 운동을 비판적인 시선으로 바라보는 사람들도 있습니다. 이들은 타인의 시선을 의식해서가 아니라 자기만족을 위해서 화장을 하고 외모를 꾸미는 여성들도 있는데, 탈코르셋 운동은 이러한 여성들에게 또 다른 형태의 압박을 가하는 것이라고 지적합니다. 분명 일리가 있는 지적입니다. 그런데 이렇게 한번 생각해 봅시다. 요즘은 남자들도 화장을 하는 시대라지만, 아직까지는 소수에 불과합니다. 하지만 이러한 남성과 달리 여성들은 거의 대부분이 화장을 합니다. 그 이유는 무엇일까요? 혹시 여성들이 화장을 하고 자신을 꾸미는 이유가 의식적이든 무의식적이든 '맨얼굴보다는 화장을 하여 꾸민 얼굴이 더 여성스럽다'와 같이 혹시 오랜 기간 사회적 학습이 지속된 결과라면 어떤가요? 만약 그렇다면 이건 어쩐지 평등하지 않다는 생각이 듭니다. 이렇게 볼 때 탈코르셋 운동은 여성에게만 가해져 왔던 근본적인 압박에 대한 저항이라고 해석해야 하지 않을까요?

어쩌면 탈코르셋의 한 모습일지도 모르겠습니다. 사실 나도 최근 다른 사람이 나를 바라보는 시각에서 벗어나 흰머리를 염색하지 않겠다고 결심했습니다. 개인적인 차이는 있지만, 나이가 들수록 흰머리가 생기거나 머리카락이 하나 둘 빠지기 시작해 머릿속이 비어 보이는 것은 지극히 자연스러운 노화 현상입니다.

그런데 고령화가 빠르게 진행되고 있는 대한민국이건만, 전철이나 길거리에서 머리가 새하얀 분들은 생각보다 많지 않습니다. 대부분 염색을 했기 때문이죠. 특히 여자 어른들의 경우에는 흰머리 그대로 다니시는 분들이 남자 어른들에 비해 훨씬 적습니다. 남자 어른들의 경우는 염색을 하지 않은 채 흰머리를 자연스럽게 드러내고 다니시는 분들도 꽤 있습니다. 가끔 공부를 많이 한 남자 교수님들이 얼굴에 비해 흰머리가 많으면 '음, 저분은 책을 많이 읽으신 것 같아.'라는 생각을 하게 되죠. TV에 나오는 앵커나 정치인들이나 고위 공직자, 판사들의 경우도 남자들은 흰머리를 하고 계신 분들이 종종 있습니다.

하지만 나이든 여성의 경우는 어떤가요? 정치인이든 관료이든 나이가 들었어도 흰머리를 그대로 드러내고 있는 분은 거의 없습니다. 염색을 하신 분들이 대부분이죠. 2019년 현재 우리나라 외교부 수장인 강경화 장관도 흰머리로 주목을 받았죠. 그만큼 염색하지 않고 자연 그대로의 흰머리를 드러내는 여성이 우리 사회에 흔치 않다는 것을 보여줍니다.

서론이 길어지기는 했지만, 나도 몇 년 전부터 부쩍 흰머리가 많이 생기기 시작했습니다. 나는 '이제 그럴 나이가 되었나 보다' 하며 크게 신경이 쓰이지는 않았는데, 정작 주변에서 빨리 염색을 해야겠다며 조언을 하곤 하죠. 특히 "여자들은 흰머리가 많으면 나이 들어 보인다. 나이 들어 보이면 주변 사람들이 잘 어울리려고 하지 않으니 사회생활을 잘 하려면 염색을 해야 한다. 여자가 외모를 가꾸지 않으면 게을러 보인다."라는 염려까지 듣기도 했습니다.

노화가 성별을 가려서 오는 것도 아니고, 늙는 건 남자나 여자나 매한가지로 시간의 흐름만큼 자연스러운 현상입니다. 그런데 왜 유독 여자만 늙음을 감춰야 하나요? 단지 여자라고 해서 늙음을 감추고 젊어 보이려 애쓸 이유는 전혀 없다고 생각합니다.

다른 사람의 시선에 지나치게 얽매이지 않고 자유롭게 자신의 개성을 드러낼 수 있는 사회, 일정한 잣대로 타인의 외모를 평가하지 않는 사회, 특히 여성에게 외모를 꾸미도록 과도하게 강요하지 않는 사회를 만든다면 오히려 아름다워지고자 하는 인간의 욕구가 더 잘 실현되는 행복한 사회가 될 것입니다.

 서로 존중하며 더불어 사는 사회를 만드는 작은 시작

많은 여성들은 화장을 통해 더 아름다워지고 싶어 합니다. 하지만 자신만의 아름다움을 드러내기보다는 사회적으로 강요된 아름다움에 혹시 억지로 자신을 맞추고 있는 건 아닌지 돌아볼 필요가 있습니다. 우리 모두는 나름대로 이미 아름답습니다. 그리고 내면에서 뿜어져 나오는 각자의 당당한 개성이 빛날 때 더욱 아름답다는 것을 꼭 기억해 주세요.

남녀의 고정관념에 관하여

"눈물이 많은 남자는 부끄러운 건가요?"

이 장을 시작하면서 이야기했지만, 여자와 남자 사이에는 생물학적 차이가 존재합니다. 이것만은 분명한 사실이죠. 그리고 이러한 생물학적 차이를 인정하는 것은 진정한 의미의 성평등 실현을 위해서도 꼭 필요합니다. 공중화장실을 예로 들어 볼까요? 먼저 다음의 우리나라 공중화장실 등에 관한 법률을 살펴봅시다.

> 제7조(공중화장실 등의 설치기준) ②항 대통령령으로 정하는 장소 또는 시설에 설치하는 공중화장실 등의 경우, 여성화장실의 대변기 수는 남성화장실의 대·소변기 수의 1.5배 이상 되도록 설치해야 한다.

공중화장실에 대해서 위와 같이 규정되어 있죠. 여기서 대통령령으로 정하는 장소 또는 시설이란 1천 명 이상 규모의 공연장, 관람 시설 등을 가리킵니다. 여러분도 사람이 많이 모이는 곳의 화장실에

가 보았을 것입니다. 대체로 남자화장실에 비해 여자화장실을 이용하려고 기다리는 줄이 더 길죠. 이는 여자와 남자의 신체적 구조 차이 때문에 남자들에 비해 여자들의 화장실 이용 시간이 더 소요되어 나타나는 현상입니다. 이러한 차이를 인정해 여자화장실의 변기 수를 더 많이 설치하는 것은 불평등이 아니라 실질적인 평등을 위한 조치라고 보는 것이 타당합니다.

생물학적 차이를 역할이나 덕목, 능력 등으로 확대하다

사회적으로 성별 갈등을 조장하고 문제를 일으키는 성 불평등의 문제는 결코 여자와 남자 사이의 생물학적 차이 때문에 발생하는 것이 아닙니다. 이러한 생물학적 차이를 여자와 남자의 덕목, 역할, 능력 등의 차이로 확대 연결시키기 때문에 발생하는 거죠.

여성들은 단지 여자로 태어났다는 이유만으로 오랜 세월 차별을 받아 왔습니다. 지금은 일정 연령이 지나면 남자든 여자든 당연히 행사할 수 있는 투표권조차도 단지 여자라는 이유로 갖지 못했죠. 여성들에게 최초의 참정권이 인정된 것은 19세기말 뉴질랜드에서 입니다. 그 후 여성 참정권이 세계 여러 나라에서 보편화된 것은 다시 반세기 가량이 지난 20세기 중반에 이르러서야 이루어졌으므로, 생각보다 그리 오래되지 않은 일입니다.

민주주의가 탄생한 고대 그리스 아테네에서도 여성들의 참정권

국가별 여성 참정권 인정 시기

국가명	여성 참정권 인정 시기
뉴질랜드	1893년
오스트레일리아	1902년
핀란드	1906년
노르웨이	1913년
덴마크	1915년
영국	1918년
미국	1920년
미얀마	1922년
중국	1946년
대한민국	1948년
사우디아라비아	2015년

은 인정하지 않았습니다. 당시 아테네에서는 여자뿐만이 아니라 어린아이, 외국인 등도 참정권이 인정되지 않았죠. 하지만 어린아이는 자라서 성인이 되면 참정권을 포함한 시민으로서의 권리를 누릴 수 있었습니다. 외국인 또한 전쟁 포로인 노예들을 제외하면 대부분 자발적 의사에 따라 아테네로 이주해 온 사람들이었다는 점에서 여성들의 경우와는 사정이 달랐죠. 즉 단지 여성으로 태어났다는 이유로 죽을 때까지 시민으로서의 평등한 권리를 누릴 수 없었으며, 출생 당시 성별은 본인이 선택할 수 없다는 것을 감안하면, 여

성들의 참정권 제한은 너무나 부당한 차별이 아닐 수 없습니다. 당시 아테네에서는 여성들은 선천적으로 또는 생물학적으로 출산과 육아, 가사 등에나 적합하며, 감정에 쉽게 영향을 받기 때문에 이성적인 판단을 할 수 없으므로 공동체의 안전을 위한 공적인 일을 담당하거나 공동체의 의사결정에 참여하는 것은 옳지 않다는 사회적 통념이 지배하고 있었던 것입니다.

현대 민주주의 국가에서는 당연히 여성들의 참정권을 인정하고 있습니다. 하지만 여전히 공적인 영역에서 여성들의 참여는 남자들에 비해 제한되어 있습니다. 유엔은 세계 각국에게 성차별을 효과적으로 해소하기 위한 정책으로 여성할당제의 시행을 적극적으로 장려하고 있습니다. 여성할당제는 여성에 대한 차별을 없애기 위한 제도로, 정치·경제·교육·고용 등 각 부문에서 채용이나 승진 시 일정한 비율을 여성에게 할당하는 제도입니다. 이는 아직도 정치·경제·사회의 여러 분야에서 여성들에 대한 실질적인 차별이 존재하고 있음을 반증하고 있습니다.

우리 사회의 여성들도 공적 영역에서 차별받고 있습니다. 다음의 그래프는 국회의원, 4급 이상 공무원, 관리직, 정부위원회 의원 등 고위직에서의 여성비율을 종합하여 만든 우리나라의 성평등 수준을 보여줍니다. 매년 꾸준히 증가하고는 있지만, 아직 100점 만점에 26.5점으로 성평등 수준이 매우 낮은 것을 알 수 있습니다. 아직도 우리 사회의 각 영역에서 여성들이 주도적인 역할을 하는 것이 쉽지 않음을 충분히 짐작할 수 있습니다.

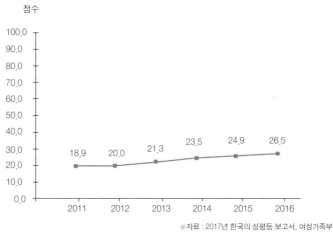

※자료 : 2017년 한국의 성평등 보고서, 여성가족부

의사결정 분야의 성평등 수준 현황과 변화 추이

성 불평등의 문제는 여성만의 문제가 아니다

아주 오랫동안 여성은 남성에 비해 사회 전반에서 불평등한 대우를
받아 왔습니다. 하지만 성 불평등의 문제는 참정권, 사회 참여 등과
같은 공적인 영역에서만 나타나는 것이 아닙니다. 또한 여성들만의
문제도 아닙니다. 여러분은 혹시 남자는 태어나서 3번 운다는 말을
들어 보았나요? 그 3번이 언제인가 하면 "태어났을 때, 부모님이 돌
아가셨을 때, 나라가 망하였을 때"입니다. 초등학교(당시는 국민학교
라고 불렸음) 4학년 때 담임선생님께 들었던 기억이 나는군요.

　아마도 대부분의 남자들은 유년 시절에 이런 말을 들어 보았을
것입니다. 그때만 해도 그 말이 어찌나 그럴 듯하게 들리던지 나도

남자로서 꼭 지켜야겠다고 다짐했죠. 선생님의 말투와 표정, 엄숙하기까지 했던 교실의 분위기 등이 생생하게 기억납니다. 그 영향 때문인지 몰라도 실제로 나는 청소년기를 지나 성인이 될 때까지 좀처럼 울지 않았습니다. 아니 울지 못했다는 게 맞는 표현이죠.

그러다가 지인들과 함께 영화를 보던 중 눈물을 흘리는 낯선 경험을 했습니다. 솔직히 고백하면 그때도 울지 않으려고 안간힘을 썼던 기억이 납니다. 쏟아지는 눈물을 참으려고 영화와는 무관한 다른 생각을 계속 떠올려야 했죠. 그로 인해 영화에 제대로 몰입하기 어려웠습니다. 영화가 끝나자마자 서둘러 화장실로 향했는데, 눈물의 흔적을 들키지 않기 위해서였죠. 그 이후로 나는 가끔씩 혼자 영화관에 가곤 합니다. 특히 감상평에 슬픈 내용이라고 달린 영화를 보는 경우에는 꼭 혼자 갑니다. 같이 간 사람의 눈치를 보지 않고 마음껏 울기 위해서입니다.

왜 남자는 눈치를 보며 울어야 할까요? '남자는 잘 울지 않는다 또는 울지 말아야 한다'는 남성성에 대한 통념은 남성들의 솔직한 감정 표현을 방해하는 주된 원인입니다. 그런데 여러 연구들을 통해 감정을 적절히 표현하는 게 정신 건강에 좋다는 것이 잘 알려져 있습니다. 그럼에도 불구하고 남자들, 특히 우리나라 남자들은 감정 표현을 주저하는 경우가 많습니다. 대체로 감정 표현이 자신의 약점을 보여주는 것이라고 생각하기 때문이죠. 특히 남자가 우는 것은 스스로 남자답지 못하다는 것을 드러내는 거라는 생각이 지배적인 통념입니다. 나의 교직 경험으로 비추어 보면 중학생 이상만

되어도 남학생들은 여간해서는 잘 울지 않습니다. 아마도 이미 남성성에 대한 사회화가 상당히 진행된 결과가 아닐까요?

여자는 울어도 되고, 남자는 안 된다?!

우는 남자들에 대한 우리 사회의 편견이 얼마나 뿌리 깊게 자리 잡고 있는지 잘 보여주는 사례를 하나 소개하려고 합니다. 학교생활을 하다 보면 친구와 다투고, 나쁜 시험 성적을 받고, 선생님들로부터 꾸중을 듣고 등등 여러 가지 이유로 우는 학생들이 있습니다. 그런데 하루는 교무실에서 옆자리에 앉은 동료 선생님께서 한 남학생과 나누는 이야기를 우연히 듣게 되었습니다. 참고로 그 선생님은 여자 분이셨죠.

그 남학생은 덩치가 크고 건장한 편이었는데, 행동이 좀 느려 평소 친구들로부터 놀림을 자주 받았다고 합니다. 워낙 성격이 온순해서 웬만한 놀림에는 좀처럼 화를 내지 않는데, 그날은 웬일인지 자신을 놀리던 친구에게 화를 내고 주먹다짐까지 했던 모양이었습니다. 교무실로 와서도 분이 안 풀렸는지 연신 씩씩 대다가 결국에는 와락 눈물을 쏟았죠. 그때 남학생을 달래며 선생님께서 하신 말씀은 대략 다음과 같은 요지였습니다.

"주먹 싸움을 한 것은 잘못했지만, 친구들이 놀렸을 때는 오늘처럼

기분이 나쁘다고 네 감정을 솔직하게 얘기하고 화도 낼 줄 알아야
한다. 그래야 앞으로 친구들도 조심하게 될 테니까. 그런데 울지는
마라. 친구들이 네가 우는 모습을 보면 또 얕잡아 볼지도 모른다.
너처럼 남자답게 생긴 아이가 우는 건 어울리지 않는다.”

당시에는 나도 동료 선생님의 말씀에 크게 공감했습니다. ‘남자가
울면 여자 같다고, 약한 놈이라고 얕잡아 본다’고 말이죠. 그런데
지금 생각해 보면 그 선생님 말씀에 상당한 어폐가 있었습니다. 감
정을 솔직하게 표현해라. 그런데 울지는 말라뇨? 우는 것 또한 감
정을 솔직하게 표현하는 하나의 방식 아닌가요?

물론 그 선생님은 선의로 남학생에게 위로와 도움을 주려고 하신
말씀이었을 것입니다. 하지만 그 안에는 ‘우는 남자’에 대한 사회적
통념, 즉 편견이 담겨 있었습니다. 당시 그 말에 크게 공감했던 나
또한 마찬가지입니다. 아마도 그러한 지도를 받은 학생의 생각 속
에도 분명 ‘우는 남자’에 대한 부정적 인식이 확고하게 자리 잡았을
것입니다.

만약 그때 놀림 받고 울음을 터뜨린 게 남학생이 아니라 여학생
이었다면 과연 그 선생님은 똑같이 이야기해 주셨을까요? 친구에
게 놀림을 받은 여학생이 화를 내며 거친 행동을 했다면, 그러다가
끝내 울음을 터뜨렸다면 아마 이런 말을 해주시지 않았을까요?

“속상하지? 그래, 분이 풀릴 때까지 실컷 울어. 그런데 네가 화가

난 건 충분히 이해하지만 여자아이가 아까처럼 그렇게 거칠게 행동하면 어떻게 하니? 그러니까 앞으로는 화가 나도 좀 참고 거칠게 행동하지는 마라!"

자신이 경험한 바를 인지하고, 느낀 바를 표현하는 것은 자신의 참 모습, 즉 자아를 찾아가는 과정에서도 매우 중요합니다. '우는 남자'에 대한 사회적 통념으로 자신의 감정을 숨기거나 부정하는 것은 이런 측면에서도 바람직하지 않습니다. 젠더의 틀, 즉 남성성과 여성성에 대한 고정관념을 깨야 하는 중요한 이유라고 생각합니다.

 ### 서로 존중하며 더불어 사는 사회를 만드는 작은 시작

역사적으로 오랜 시간 여자들은 사회적으로 많은 부분에서 차별을 받아 왔습니다. 하지만 과연 여자들만 차별을 받아 온 걸까요? 남자들도 성격은 다르지만 분명 사회가 요구하는 남성다운 프레임에 맞추도록 강요를 받아 왔습니다. 이 또한 엄연한 차별이죠. 여성이라는 프레임, 남성이라는 프레임이 아니라 남자든 여자든 한 인간으로서 바라보는 것이야말로 진정한 의미의 성평등임을 잊지 말았으면 합니다.

슈퍼히어로의 사회학
"남자만 세상을 구하란 법 있나요?"

혹시 여러분도 슈퍼히어로가 나오는 영화를 좋아하나요? 누구든지 위험에 빠지면 그 앞에 '짠' 하고 나타나 도움을 주고 바람처럼 다시 사라지는 영웅.

예전에는 대체로 악의 무리에 홀로 외롭게 맞서는 고독한 영웅의 모습을 담은 영화들이 많았다면, 요즘에는 인류를 멸망시키려는 계략을 품은 악의 세력에 맞서 영웅들이 힘을 합쳐 활약하는 영화들이 많이 제작되고 있습니다. 슈퍼맨, 배트맨, 아이언 맨, 스파이더맨, 캡틴 아메리카, 헐크, 원더우먼 등등이 한 영화에 떼로 등장하고 있죠. 대부분 만화를 원작으로 하고 있는 이런 영화들은 큰 인기를 바탕으로 속편이 연이어 제작되고 있습니다. 수년간 큰 인기를 끌었던 〈어벤저스〉 시리즈도 여러 영웅들이 대거 등장하여 악에 맞서 인류를 구해내는 것이 주된 이야기죠.

뛰어난 능력을 발휘하는 여성에 대한 왜곡된 시선

영화 속에 등장하는 영웅들의 활약상에 푹 빠져들다 보면 긴 러닝 타임이 어느새 훌쩍 지나가곤 합니다. 이쯤에서 대충 어떤 이야기가 이어질 거라는 걸 여러분도 눈치 챘을 거라 믿습니다. 그렇죠. 영웅들은 대부분 남자입니다. 게다가 대체로 우락부락한 근육이 발달한 덩치 큰 남자들로, 소위 전형적인 남성성을 상징하는 인물들입니다. 영화 속에 등장하는 인상 깊은 여성 영웅이라면 '원더우먼' 정도인데, 엄밀하게 말하면 그녀는 점토로 형태를 빚은 후 신이 생명을 불어넣어 태어난 것으로 설정되어 있기 때문에 인간이라기보다는 신에 가까운 존재입니다.

최근에 새롭게 만들어진 〈원더우먼〉 영화에서는 제우스신과 아마존 여왕 히폴리타 사이에서 태어난 반인반신의 존재로 설정되어 있죠. 그런데 여기서 잠깐 원더우먼의 탄생비화를 살펴볼까요? 맨처음 원더우먼이라는 캐릭터를 만든 것은 만화가나 작가가 아니라 '윌리엄 몰튼 마스턴'이라는 심리학자였습니다. 그는 사회적으로 소수자인 여성의 해방을 위해 여러 가지 이론과 실험을 지속해 온 페미니스트이기도 했다고 합니다.[11] 페미니스트의 손에서 탄생한 여성 영웅. 건장한 남성 일색인 영웅들 사이에서 어떻게 원더우먼이라는 여자 영웅이 탄생할 수 있었는지 그 특별한 이유를 조금은

....
11. 원더우먼의 탄생과 관련해서는 다음 백과사전을 참고하였다.

짐작할 수 있는 대목입니다.

좀 색다른 경우도 있습니다. 돌연변이들을 소재로 한 〈X 맨〉이라는 영화에서는, 초능력을 소유한 온갖 돌연변이들이 등장합니다. 돌연변이들은 인류와 협력하려는 집단과 인류를 적대시하는 집단으로 나뉘어 서로 대결하죠. 두 집단 모두 리더는 남자 돌연변이로 설정되어 있습니다.

그런데 흥미로운 점은 X맨 시리즈 3편인 〈최후의 전쟁〉을 보면 두 집단을 통틀어 가장 강력한 초능력을 가진 돌연변이가 여자로 설정되어 있다는 것입니다. 남성 중심의 슈퍼히어로 세상에서 웬일인가 싶지만, 역시나 반전이 있습니다. 왜냐하면 '진'이라는 이름의 이 여성 캐릭터는 자신의 능력을 통제하지 못해, 결국 연인과 리더마저 죽음에 몰아넣고, 인류를 멸망 직전까지 이르게 하는 존재로 나오니까요. 시쳇말로 민폐 캐릭터입니다. 영화감독이나 제작자가 의도했는지 어쨌는지는 모르겠지만, 나는 이 영화를 보면서 여성이 큰 능력을 가지면 어떤 결과를 가져올지를 경고하는 메시지를 은근히 전달하려는 것 같아서 적잖이 불편했습니다.

암탉이 울면 집안이 망하는 게 아니라 동이 틀 뿐!

비단 히어로 영화 속에 등장하는 여성 민폐 캐릭터뿐만이 아닙니다. 입에서 입으로 전해져 오는 옛날이야기 속에서도 힘을 가진 여

© Pixabay

아주 오래전부터 동양은 물론 서양에서도 힘을 가진 여성에 대한 이미지는 심각하게 왜곡되어 왔다. 그녀들은 때로는 '마녀'라는 이름으로 불리며, 마술을 부려 사람들에게 불행이나 해악을 가져오는 존재로 묘사되곤 했다.

성들에 대한 왜곡은 심심치 않게 발견할 수 있죠. 예컨대 마녀에 대한 많은 동화 또는 옛날이야기들은 힘(능력) 있는 여자들에 대한 비슷한 메시지를 담고 있습니다. 저주의 주문을 걸어 100년 동안이나 공주를 비롯해서 한 왕국을 잠들게 만든 마녀, 백설 공주를 괴롭히는 왕비, 추하고 악한 면만 비추는 거울과 얼음 조각으로 세상을 지배하려는 눈의 여왕 등등.

　그녀들은 하나 같이 아름답고 남들이 부러워할 만한 엄청난 능력의 소유자이지만, 자신들의 능력을 올바로 쓰지 못하는 사악한 존재로 그려져 왔습니다. 그리고 그러한 못된 마녀들을 무찌르고 세상을 구원하는 건 대부분 남자들의 몫이었죠. 우리나라에도 '암탉이 울면 집안이 망한다'는 속담이 있습니다. 대표적인 성차별 속담으로도 꼽히는 이 말의 뜻은 결국 여자가 목소리를 높이거나 능력을 발휘하는 것을 '암탉의 울음'에 비유하며, 여자는 모름지기 쥐죽은 듯 순종하며 사는 것이 최선임을 에둘러 말해 줍니다.

마녀 이야기뿐만 아니라 동화 속에 묘사된 일반적인 남성과 여성의 모습에도 많은 차이가 있습니다. 외래 동화와 우리나라 전래 동화 100여 편을 분석한 결과 남자 주인공들은 아들, 농부, 어부, 왕, 왕자, 탐험가 등 다양한 역할인데 반해, 여자 주인공들은 딸과 공주 역할이 무려 90% 이상을 차지했다고 합니다.[12]

그렇다면 왜 인류를 구하는 영웅들은 만화나 영화, 동화에서조차 대부분 남자일까요? 그것으로도 모자라 여자들은 강한 힘을 가지면 왜 안 좋은 일들이 일어나는 것처럼 그려졌을까요? 이것이 심각한 이유는 어려서부터 접하게 되는 이런 만화나 영화, 동화 속에 담긴 메시지들이 성장하는 아이들에게 어떤 영향을 미칠지가 너무나 분명하기 때문입니다.

이와 같은 내용의 만화와 영화, 동화들이 어린아이들의 성역할 사회화에 커다란 영향을 끼치고 있음은 이미 다수의 연구에서 밝혀진 바 있습니다. 남성 중심의 가부장적 사회를 공고히 유지하기 위

....
12. 한국여성연구소, 《새 여성학 강의》, 동녘, 2002, 94쪽

해서는 남자들이 여자들보다 뛰어난 존재라는 생각, 여자들은 남자들에게 의존하며 보호받아야 하는 존재라는 생각, 강한 힘 또는 뛰어난 능력을 가진 여자들은 위험한 존재라는 생각을 심어 주어야 했던 게 아니었을까요?

이러한 만화, 영화, 동화는 이를 지속적으로 접하는 어린아이들로 하여금 의식적이든 무의식적이든 남자와 여자의 역할을 규정짓고 남성다움과 여성다움을 내면화하게 만들 것입니다. 더 나아가 이러한 생각으로 연결될지도 모르죠.

> "나도 동화의 여자 주인공처럼 착하고 예뻐야 멋진 왕자님이나 영웅을 만나 구원받고 행복해질 수 있다."
> "나도 동화의 남자 주인공처럼 용감하고 강해야 나중에 착하고 예쁜 여자를 쟁취할 수 있다."

이러한 생각은 이미 여자를 '나약한 구원의 대상', '영웅적 행동에 대한 보상 또는 쟁취의 대상' 정도로만 치부할 뿐, 주체적 존재로서의 자아를 박탈하게 됩니다. 그런 의미에서 볼 때, "용감한 자만이 미인을 얻을 수 있다"라는 옛말도 "암탉이 울면 집안이 망한다"는 우리 속담만큼이나 성차별적 요소가 짙게 깔려 있는 잘못된 표현이 아닐까요?

신데렐라에게 진짜로 필요했던 게 과연 왕자님일까?

다음에 제시한 이야기는 우리에게 아주 익숙한 어떤 동화의 내용과 비슷한 듯하지만, 다른 내용일 것입니다. 다음의 이야기를 통해 '원래 알고 있던 동화의 내용이 만약 이렇게 바뀐다면 어떻게 될까?'에 관해 한 번 생각해 보았으면 합니다.

아버지가 재혼하신다고 한다. 새 어머니가 되실 분에게는 전남편 사이에서 낳은 딸이 두 명 있다고 한다. 둘 다 나보다 나이가 많단다. 갑자기 나에게 가족이 세 명이나 더 생기게 되는 것이다. '아버지가 재혼을 결정하시기 전에 미리 나와 상의해 주셨으면 좋았을걸…' 약간의 아쉬움(사실 나와 미리 상의한다고 하여 바뀌는 것은 없었을 것이다. 그것은 아버지의 삶이니깐)과 새어머니, 새언니들과 친해지기 전까지 약간 어색하고 불편할 수 있겠다는 막연한 불안감이 있다. 하지만 그래도 좋다. 그동안 혼자 지내는 것이 너무 외롭고 싫었다. 엄마, 언니 또는 오빠, 동생들과 시간을 보내는 친구들이 너무 부러웠다.

새어머니와 새언니들은 어떤 분일까 상상을 해본다. 혹시 새어머니가 자신의 친딸들에게만 잘 해주고, 나는 구박만 하면 어떡하지? 새언니들이 욕심 많은 심술꾸러기들이어서 나를 따돌리거나 일부러 괴롭히지는 않을까?… 그렇다면 약간 골치는 아프겠지만 상관은 없다. 내가 누구인가? 2달 전 이웃집에 불이 났을 때, 다른 사람들은 '아이고! 큰일 났다! 다른 집으로 불이 옮겨 붙으면 어떡하지!' 하고 걱정만 하면서 구경하고 있을 때, 물을 양동이 한가득 퍼서 제일 먼저 달려가 불을 끄기 시작한 사람이 바로 '나'다! 덕분에 재를 가장 많이 뒤집어쓰기는 했지만, 동네 사람들로부터 용감한 아이로 인정받지 않았는가! 그리고 우리 집으로 불이 번지는 것도 막고. 하!하!하! 만약 새어머니나 새언니들이 나에게 못되게 굴면 나도 가만있지 않을 테다!

반대로 새어머니와 새언니들이 착하고 다정한 분들이라면 어떨까? 그렇다면 더 좋지. 새어머니, 새언니들과 함께 한집에서 오순도순 즐겁게 살 생각을 하니 너무 행복하다. 돌아가신 엄마에게는 약간 미안하지만… 아냐! 하늘나라에 계신 엄마도 내가 행복해지기를 누구보다 바라실 거야. 돌아가실 때 나에게 마지막으로 남긴 말도 꼭 행복하게 살라는 것이었잖아! "너무 슬퍼하지 마라. 신은 우리에게 이겨낼 수 없는 슬픔과 어려움을 주시지는 않았단다. 어떤 힘들고 슬픈 일이 닥쳐도 굳세게 맞서야 한다. 그런 일이 닥쳤을 때 엄마가 네 옆에 있어도 단지 도움을 줄 수 있을 뿐, 너 스스로 이겨내야 한단다. 엄마는 우리 딸이 어떤 상황에서든 행복하게 살기를 바란단다! 사랑한다!"

지금 들려준 이야기의 앞부분을 보면, 화자의 처지는 우리가 익히 알고 있는 동화의 주인공과 비슷하다는 것을 알 수 있죠? 그렇습니다. 바로 신데렐라입니다. 하지만 이야기 속 주인공의 성품은 우리가 알고 있던 신데렐라와는 사뭇 다릅니다. 동화 속 신데렐라가 착하고 온순하며 순종적인 아이였다면, 이야기의 주인공은 때론 대담하고 용감하며 주체적인 아이라는 것을 알 수 있습니다.

동화 속에서는 착하고 온순하며 순종적이었기 때문에 결말에서 자신을 모든 어려움에서 구원해 줄 '왕자님'이라는 보상을 받죠. 하지만 위에 제시한 이야기 속의 주인공에게 굳이 왕자님은 필요해 보이지 않습니다. 얼마든지 스스로를 구원할 수 있는 주체적인 여성이니까요. 만약 동화 속 신데렐라의 성품이 이 이야기의 주인공과 같았다면, 동화의 내용은 어떻게 바뀌었을까요? 또 바뀐 동화책을 읽고 자란 아이들에게는 어떤 생각이 싹트게 될까요?

만화, 동화, 영화 이외에도 성역할, 남성다움과 여성다움에 대한 왜곡된 관념을 심어 주는 장치들은 TV 광고 속 여자와 남자의 모습에서도 종종 드러납니다. 예를 들어 작고 예쁘게 생긴 소형차의 광고 모델은 주로 여자이고, 비포장도로에서 흙먼지를 휘날리며 거칠게 달리는 사륜구동 자동차 또는 사회지도층이나 성공한 사람들이 타는 차라며 광고하는 고급 세단의 모델은 주로 남자인 것 등이 그러하죠. 어린이들에게 선물하는 장난감은 또 어떤가요? 남자아이들에게는 장난감 총, 장난감 자동차 등을 선물하고, 여자아이들에게는 인형, 소꿉놀이 등을 선물합니다. 이 밖에도 여성다움과 남성다움에 대한 왜곡된 관념을 심어 주는 장치들은 우리 주위에서 쉽게 찾아볼 수 있습니다.

근래에 들어, 성역할에 대한 가치관이 바뀌고 있으며, 성평등 의식 또한 점차 확산되고 있습니다. 이에 영화, 만화, 광고 등에 등장하는 남자와 여자의 모습도 과거와 달리 변화하고 있고, 남자아이와 여자아이이의 장난감에 대한 구별도 점차 줄어들고 있다는 점은 참으로 고무적입니다. 하지만 이제 겨우 시작일 뿐입니다. 이러한 변화가 지속적으로 이루어지고 성역할에 대한 차별적 사회화의 장치들을 의식적으로 바꾸어 간다면 미래 세대들이 보고 듣게 될 만화, 영화, 동화의 내용은 지금과는 아주 많이 달라질 거라고 조심스럽게 기대해 봅니다.

 ## 서로 존중하며 더불어 사는 사회를 만드는 작은 시작

이제는 우리가 당연하게 생각해 온 것들에 대해 조금 다른 시각으로 살펴볼 때가 아닌가 생각됩니다. 어쩌면 공주님에게는 왕자님의 도움 없이 스스로 문제를 해결할 능력이 충분할지도 모르고, 위기에 빠진 왕자님에게는 슈퍼헤로인과 같은 능력 있는 공주님의 도움이 필요할 수도 있으니까요. 은연중에 갖고 있는 성차별적 편견을 조금이라도 덜 수 있는 시각의 변화가 필요한 때입니다.

과거에 비해서는 많은 면에서 여성의 권리가 신장되었다고 합니다. 교육 수준이 높아지면서 여성의 사회 진출도 크게 활발해졌고, 기업 임원이나 고위직 공무원에 여성이 발탁되기도 하죠. 하지만 아직 일반화하기엔 좀 이른 것 같습니다. 아직까지는 그저 소수의 이야기일 뿐, 전체 여성들이 실감할 수 있을 만큼 우리 사회가 남녀평등사회라고 말하기에는 다소 부족함이 있으니까요. 2017년 입소스(IPSOS)에서 조사한 결과에 따르면 우리나라 여성의 64%는 여전히 남녀평등이 이루어지지 않았다고 밝히고 있습니다. 이에 여기에서는 페미니즘의 시각에서 우리 사회의 모습을 바라보고, 무엇이 문제인지 살펴보는 동시에 앞으로 어떤 방향으로 나아가면 좋을지에 관해 함께 생각해 보았으면 합니다.

2부

페미니즘으로
바라본
우리 사회의 모습

"입장을 바꿔 생각해 볼 순 없나요?"

숨길수록 위험한 십대의 사랑

"우리 그냥 사랑하게 해주세요!"

요즘은 초등학생들도 연애를 하는 시대입니다. 드라마와 영화는 온통 사랑 이야기로 넘쳐나죠. 하지만 진정한 사랑의 의미에 대해 생각해 보는 사람은 어쩐지 점점 더 찾아보기 힘들어지는 것 같습니다. 사랑의 기본은 '관계'에서 시작되는데, 만약 그 관계 자체가 '평등'하지 않다면 어떻게 될까요?

십대의 사랑은 정말 위험한가요?

성 불평등을 극복하기 위한 첫걸음은 서로에 대한 관심과 배려 그리고 존중의 마음에서 시작됩니다. 이러한 마음은 자신과 타인에 대한 부당한 차별에 함께 맞서며 서로를 공존의 대상, 동등한 인격의 주체로 인정하기 위해서 필요한 마음가짐들입니다. 이러한 마음가짐들은 다양한 인간관계에서 느끼게 되는 감정을 성찰해 보는 경험들이 쌓이며 인간의 내면에 자리 잡게 되죠.

우리 사회에는 어릴 때부터 다양한 감정을 경험하고 성찰해 볼 수 있는 기회가 과연 얼마나 열려 있을까요? 여기에서는 10대 청소년의 사랑 문제를 통해 이를 점검해 보려 합니다.

20여 년 전쯤이었나 봅니다. 당시 중학교 2학년이었던 같은 반 여학생과 남학생이 교실 창문 커튼 뒤에 숨어 포옹을 하다가 선생님께 들켰죠. 당시 둘은 사귀는 사이였는데, 이 사건을 계기로 학교 측에서는 남학생에게 강제 전학 조치를 내려서 둘 사이를 억지로 갈라놓았습니다. 강제 전학의 사유는 교칙에 있던 풍기문란 관련 조항이 적용되었습니다.

사실 이 조치는 보수적인 분위기가 지배적이던 당시에도 큰 논란이 되었습니다. 그 남학생은 종종 교칙을 어기는 말썽꾸러기이기는 했지만, 좋아하는 여자친구와 그저 포옹을 했다는 이유로, 게다가 나름대로 조심한다고 커튼 뒤에서 가리고 한 행위로 강제 전학까지 보낸 학교의 조치가 과연 정당했는가를 두고 의견이 분분했죠.

여러분도 잘 알고 있는 〈춘향전〉 속 남녀 주인공인 춘향이와 이몽룡, 셰익스피어의 명작 〈로미오와 줄리엣〉 속의 로미오와 줄리엣, 이들이 불꽃 튀는 열렬한 사랑을 했던 나이는 모두 10대였습니다. 사실 10대는 사랑이라는 감정을 느끼기에 충분한 연령입니다. 하지만 과거에 비해 학생인권에 대한 인식 수준이 높아진 요즈음에도 여전히 대한민국의 학교와 어른들은 10대들의 이성 교제에 대해 위험한 측면이 많다며 우려의 시선으로 바라보는 게 현실입니다.

그 이유는 아마도 대충 이런 것들일 테죠.

- 어린 학생들은 아직 충동을 억제하는 힘이 부족하여 이성 교제 과정에서 불미스러운 일이 발생할 우려가 높다.
- 이성 교제 대상을 사이에 두고 다른 친구와 갈등을 일으키는 경우가 많다.
- 이성 교제를 하면 학업에 집중할 수 없다.

그런데 과연 이러한 걱정들은 근거가 충분한 것일까요? 정말 10대의 사랑은 위험하니까 막아야만 하는 걸까요?

인간은 다른 사람들과 관계를 맺고 살아가면서 다양한 감정을 느끼게 됩니다. 기쁨, 슬픔, 친밀함, 어색함, 사랑, 증오, 질투 등등. 어떤 감정들은 다른 감정을 불러오는 원인이 되기도 합니다. 예를 들어 사랑은 기쁨을 가져오기도 하고, 질투를 일으키기도 하죠. 자신의 감정 상태를 제대로 이해하고 다스릴 줄 알며, 다른 사람의 감정에 공감할 수 있는 능력은 여러 관계 속에서 살아가야 하는 우리 인간에게 매우 중요한 것입니다. 그렇기 때문에 삶에서 다양한 감정을 느끼고 성찰할 수 있는 경험은 어느 것이나 모두 소중하죠. 사랑도 그러한 소중한 감정 중에 하나입니다.

사랑의 어원은 '생각'에서 비롯되었다고도 합니다. 이와 같은 어원에서 알 수 있듯이 사랑은 상대방을 생각하고, 그 마음을 헤아리려고 하는 감정인 것입니다. 다른 사람을 헤아려 가며 좋은 관계를 만들어 가는 것은 더불어 살아가는 법을 배워야 하는 10대들에게 매우 중요합니다. 이렇게 볼 때, 사랑은 위험한 것이 아니라 가치 있는 것으로 권장해야 마땅합니다.

청소년이 당당하게 사랑할 수 있어야 하는 이유

미나미노 다다하루의 《팬티 바르게 개는 법》[13]에 나온 놀이의 발달 단계는 사랑을 만들어 가는 연애의 단계와 매우 유사합니다. 예를 들어, 첫 번째 '혼자 놀이' 단계는 자기 마음대로 이상적인 연인을 그리는 연애의 1단계, 두 번째 '방관 놀이' 단계는 연예인이나 반 친구든 동경하는 사람이 나타나는 연애의 2단계, 세 번째 '병행놀이' 단계는 좋아하는 사람 곁으로 가고 싶어 하는 마음이 실제 행동으로 이어지는 연애의 3단계, 네 번째 '연합 놀이' 단계는 상대에 대해 더 알고 싶어지는 연애의 4단계, 마지막으로 '협동 놀이' 단계는 특정한 연인이 생기고 그 사람과 함께 시간을 나누고 서로 신뢰하는 마음을 갖게 되는 연애의 최종 단계입니다.

영화나 드라마 속 주인공들은 늘 느닷없이 사랑에 빠지고, 또 느닷없이 이별하기도 하죠. 하지만 실제로 사랑은 상대에 대해 한 걸음씩 알아가는 과정입니다. 마치 어린아이들이 여러 단계를 거치면

....
13. 미나미노 다다하루, 《팬티 바르게 개는 법》(안윤선 옮김), 공명, 2014, 213~219쪽 참조

서 차근차근 놀이를 배우듯이 말이죠. 자신의 감정을 살피고 상대방에 대해 알아 가며 한발 한발 서로에게 다가가면서 사랑의 감정을 키워 가는 것입니다. 어려서부터 다양한 경험을 통해 인간관계를 맺고 키워 가는 방법을 자연스럽게 체득하는 것은 다른 사람들과 더불어 살아가는 데에 분명 긍정적인 영향을 줄 것입니다. 사랑이라는 감정을 바탕으로 사회적 관계를 만들어 가는 연애는 그러한 경험 중에서도 특별하고 소중한 경험이라고 할 수 있죠. 왜냐하면 사랑은 배려, 공감 등 인간이 다른 사람과 더불어 살아가기 위해서 꼭 필요한 마음가짐들을 심어 주니까요.

하지만 우리의 현실은 어떤가요? 앞에서 언급한 것처럼 많은 어른들은 이런저런 이유로 10대의 연애에 대한 부정적인 시각을 가지고 있습니다. 이런 분위기는 청소년들이 연애를 시작해도 어른들에게 털어놓기 어려운 환경을 만들죠. 특히 연애의 과정에서 어려움에 처한 청소년들은 도움이 절실한데 선뜻 부모님, 선생님 등 주변의 어른을 찾아가지 못한 채 주저하게 됩니다.

이렇다 보니 어른들이 아니라 또래 친구들에게 상담을 하게 되죠. 하지만 어떤 문제들은 또래 친구들이 해결해줄 수 없습니다. 또한 어른들에게 숨기고 둘만 만나는 상황에서 자신의 감정을 주체하지 못하거나 상대방의 감정을 무시한 채 잘못된 방식으로 애정을 표현하거나 서로를 과도하게 억압하려는 모습이 나타나기도 하죠. 예를 들면 최근 사회적 이슈로 떠오른 데이트 폭력이나 스토킹도 비슷한 문제입니다. 상대에게 물리적 폭력을 행사하거나 상대가 전혀 원하지 않는 행동을 일삼으면서도 이들은 늘 이렇게 말합니다. "사랑해서 그랬어요!" 이들에게 사랑이라는 감정이 얼마나 왜곡되어 있는지를 잘 보여줍니다.

더욱 심각한 것은 이 같은 피해를 받고 있는 상황에서도 주변의 어른들에게 도움을 청하지 못하고 있다는 것입니다. 자칫 "왜 어린 것이 되바라지게 연애를 해서 이런 문제를 일으키느냐!" 하는 비난을 받게 될까 봐 두렵기 때문이죠.

십대의 사랑에 어른들의 따뜻한 시선이 필요한 이유

어른들은 10대의 이성 교제를 무조건 반대하기보다는 좋은 관계 형성이 될 수 있도록 안내해 주고, 격려해 주는 태도가 필요합니다. 청소년들이 거리낌 없이 부모님이나 선생님에게 교제 사실을 알릴 수 있어야 이성 친구와 갈등이나 고민이 생겼을 때 도움을 요청할 수 있습니다.

청소년상담지원센터의 이성 교제 상담 요청 사례를 보면[14], 이별 뒤에 오는 후유증 때문에 많은 청소년들이 힘들어 한다고 합니다. 10대들의 생활 패턴 특성상 교제 대상이 같은 학교나 학원 친구들인 경우가 많은데 헤어져도 같은 공간에서 계속 생활해야 해서 본인은 물론 주변 친구들과의 관계에도 나쁜 영향을 미칠 수 있습니다. 특히 헤어진 이후 감정 정리에 서툰 나머지 상대방을 비난하며 안 좋은 소문을 내는 경우 후유증은 더 커집니다. 이별의 과정에서도 상대방을 배려하며 자신의 감정을 다스릴 수 있어야 합니다. 이것이 서툰 청소년들에게는 적절한 안내와 도움이 필요합니다.

....
14. 《한겨레신문》, 〈"중1·2때 사귀기 시작" 42%… "뽀뽀까지 괜찮아" 40%〉, 2010.8.1.

십대들을 위한 맞춤형 성교육

청소년기에는 2차 성징을 포함해 신체적으로 급속한 변화가 일어납니다. 최소한 신체적으로는 어른과 큰 차이가 없을 정도죠. 하지만 아직 감정적으로는 다소 미성숙한 상태임을 인정해야 합니다. 즉 특정 상황에서 불쑥불쑥 솟구치는 감정에 대해 어떤 식으로 표현하고 대응해야 하는지 잘 모르는 경우가 많다는 뜻입니다. 예컨대 현재 연애를 하고 있는 청소년들은 '성 충동을 어떻게 억제해야 하는지', '상대방의 과도한 스킨십 요구에 어떻게 대처해야 하는지'를 고민하는 경우가 적지 않다고 합니다.

　만약 이러한 고민들을 계속 꼭꼭 숨기기만 한다면, 어린 청소년들이 감당하기에 힘든 결과를 초래할 수 있습니다. 특히 이성 교제는 자연스럽게 남녀 간의 성적인 접촉을 가져옵니다. 하지만 성은 단순한 쾌락이나 육체적 본능에만 충실하면 되는 것이 아닙니다. 상대방에 대한 사랑과 존중, 책임감을 기반으로 하는 성숙한 인간관계의 표현이어야 하죠. 그렇기 때문에 성적 경험이 없고, 관련 지식이 부족한 청소년들에게는 올바른 애정 표현의 방법을 배울 기회가 필요합니다. 그러기 위해서 청소년 여러분은 고민을 숨기지 말아야 하고, 어른들은 무조건적인 비난이나 우려의 시선을 거두고 함께 고민할 수 있는 열린 자세가 필요한 것입니다. 그렇다면 우리나라의 학교교육은 이러한 부분에서 청소년들에게 얼마나 실질적인 도움을 주고 있을까요?

보건사회연구원에 따르면 우리나라의 성교육은 "연속성을 가지고 체계적으로 이루어지기보다는 이벤트성으로 진행되는 경향이 큰데, 학년이 높아질수록 성 경험에 노출될 확률도 함께 높아진다는 점을 고려하면 문제적인 현상이다."라고 지적했습니다. 또 성 교육의 내용도 "남녀의 신체 구조 차이, 성 윤리 등 진부하고 매년 반복적인 내용이라는 점도 문제이다."라고 지적합니다.[15]

여러분도 경험해 보았겠지만, 대체로 학교에서는 1년에 2번 정도 성교육을 실시합니다. 우리나라의 경우 '연간 3시간 성교육 의무, 연간 10시간 성교육 권장'을 원칙으로 하고 있습니다. 학교에서 이루어지는 성교육의 실제 모습은 대부분 성교육 전문 강사를 초대해서 전체 방송으로 진행합니다. 순결 교육, 성희롱 및 성폭력에 대한 예방 교육 등 교육 내용은 대체로 비슷합니다.

여러분도 학교에서 받은 성교육 내용이 학생들의 현실적 고민이나 관심과는 거리가 있다고 생각할 것입니다. 게다가 전체 학생을 대상으로 일제히 방송으로 실시하는 교육 방법도 흥미를 떨어뜨리는 이유이죠. 교과목 시간에 성교육을 몇 시간 이상 포함하라는 지침이 있기는 하지만, 교과 선생님들은 정해진 수업시수 내에서 다루어야 하는 교과 내용도 너무 많습니다. 그렇기 때문에, 학생들에게 실질적으로 도움이 될 수 있는 내용으로 짜임새 있게 성교육을 실시하기란 어려움이 많죠.

15. 《세계일보》, 〈안전한 사랑, 피임은 필수…콘돔사용률 최하위 대한민국〉, 2017.3.11.

성교육이 잘 이루어지고 있는 나라들은 유아 시절부터 실생활에서 자연스럽게 일어날 수 있는 전반적인 상황에 대해 성교육을 실시합니다. 특히 이들 나라의 성교육에서 가장 강조하는 것은 성에 대해 숨기지 않고 솔직하고 정확한 정보를 전달하는 것과 상대방에 대한 책임감입니다.

무조건 성관계를 금기시하고, 아예 접근할 수 없도록 감추기보다는 차라리 성 지식을 제대로 갖출 수 있게 도와주는 거죠. 동시에 성에 대한 책임감과 올바른 가치관을 알려줍니다. 사실적인 성 지식에 대해 왜곡 또는 오해하지 않도록 가르치고, 이성교제나 성적인 접촉을 금지하기보다는 구체적인 피임 방법을 알려주며, 임신과 출산 그리고 부모가 된다는 게 얼마나 책임 있는 일인지를 일깨워주고 있습니다.

유네스코의 '국제 성교육 가이드라인'에 따르면 5세부터 자연스러운 성교육이 필요하다고 제시하고 있습니다. 10대의 연애를 또 하나의 인간관계를 맺어 가는 자연스러운 과정으로 바라보고, 성에 관해서도 정확하고 구체적인 교육을 받을 수 있도록 청소년에게 기회가 주어져야 할 것입니다.

적절한 성교육은 데이트 성폭력을 예방하기 위해서도 필요합니다. 실제로 청소년들을 대상으로 상담 활동을 하고 있는 한 상담원은 이에 대해 다음과 같이 말했습니다.

"데이트 성폭력을 예방하기 위해 10대 남성에게는 상대를 배려하고, 내가 하는 행동의 결과와 영향을 고려하도록 교육할 필요가 있어요. 10대 여성에게는 좋은 관계에서도 상대가 나를 불쾌하게 한다면 그 불쾌함을 적절하게 표현하고 대처할 수 있는 능력을 길러 줘야 합니다."[16]

강요와 구속이 아니라 배려와 존중을 키워 가자

전철에서 데이트 하는 젊은 커플들을 보면 같은 운동화나 티셔츠를 맞춰 입은 경우가 종종 있습니다. 예쁘고 발랄해 보입니다. 그런데 어떤 커플의 경우는 여자가 남자의 옷매무새를 모두 결정해서 꼭 그렇게 입고 나오라며 데이트 룩을 정해 준다고 합니다. 물론 반대의 경우도 있겠죠. 남자가 여자의 옷차림이나 헤어스타일에 특정한 취향을 강요한다거나 또는 어떤 옷은 못 입게 한답니다. 예컨대 긴 머리를 유지하게 한다거나 짧은치마를 입지 못하게 하는 식으로요. 생각하기에 따라서는 옷이나 헤어스타일을 정해 주는 게 애정표현처럼 느껴질 수 있을지도 모릅니다. 하지만 내 맘대로 상대방의 옷차림을 결정하는 것을 과연 애정이라고 할 수 있을까요? 진심으로 상대를 존중하고 있다면 불가능한 일이죠.

....
16. 페미니스트 저널 〈일다: 10대라서 더욱 은폐되는 데이트 강간〉, 2015. 8. 5

이런 행위는 아무리 포장한들 불필요한 간섭에 더 가깝습니다. 그리고 이러한 간섭은 자칫 더 심각한 구속으로 이어지기도 합니다. 외모에 대한 간섭은 결국 상대방의 거의 모든 행동을 구속하는 행동으로 이어지기 쉬우니까요. 예컨대 상대방의 휴대전화나 메일을 수시로 체크하면서 어디에서 누구를 만나는지 시시콜콜 감시하고, 상대의 모든 것을 알려고 한답니다. 이렇듯 상대를 부담스럽게 하는 관심에 대해서도 대부분 이렇게 변명하죠.

"널 너무 좋아하니까, 너에 대한 모든 게 궁금해서 그러는 거야!"

사랑이 면죄부는 아닙니다. 상대를 간절히 좋아하고 사랑하기 때문에 그 사람의 주변 사람들까지도 속속들이 알고 싶은 거니까 불편해도 참고 받아들이라고 강요하는 것은 상당히 무례한 요구입니다. 아무리 사랑하는 사이라도 각자가 독립된 인격체인데 이를 인정하지 못하는 것은 건강한 관계라고 할 수 없죠. 더욱 심각한 것은 이런 일들이 끔찍한 폭력으로 이어지는 경우입니다. 상대방이 자신의 뜻대로 행동하지 않거나, 자신에게 모든 것을 말하지 않는다는 이유로 분노를 표출하고 폭력을 행사하는 거죠. 이 경우 폭력 행사에 실망하고 상처를 받아 헤어지자고 하면, 이를 빌미로 더 큰 폭력을 행사하거나 사생활을 폭로하겠다고 위협하는 경우도 많습니다. 이런 것을 과연 사랑이라고 말할 수 있을까요?

연애는 사랑이라는 감정을 바탕으로 서로가 배려하고 존중하며 소중한 관계를 만들어 가는 과정입니다. 또 소중한 관계를 만들고 유지하려면 자신과 상대방에 대한 책임 있는 자세가 필요하죠. 연애 상대에게 성적인 행위를 요구하는 것을 당연한 권리인 것처럼 생각하고, 상대방을 내 마음대로 조정하려 하고, 연애를 하나의 자랑거리로 여기는 것은 기본적으로 남녀를 떠나 인간에 대한 배려, 존중, 책임이 결여된 행위입니다. 상대방을 불편하게 하고 구속하는 행위를 사랑이라는 감정으로 합리화시켜서는 안 됩니다. 내가 하는 말이나 행동이 상대방에게 어떤 영향을 주는지 생각해 보세요. 그리고 상대방이 원하지 않는 행위는 강요하지 말아야 합니다. 마찬가지로 상대방이 내가 원하지 않는 행동을 강요할 때는 단호하게 거절할 수 있어야 합니다.

"싫어요!"

"난 원하지 않아!"

 ### 서로 존중하며 더불어 사는 사회를 만드는 작은 시작

우리 인간에게 사랑은 참으로 소중한 감정입니다. 그런데 때로는 소중한 것을 함부로 대하는 사람들이 있습니다. 소중한 것을 오래도록 지키려면 배려와 존중이 필요하죠. 사랑이라는 감정은 두 사람이 함께 책임감을 가질 때 더욱 깊어진다는 것을 기억해 주세요.

월경에 대한 불편한 시각들

"마법? 아니죠. 그냥 월경입니다."

매슬로우라는 심리학자는 인간에게 5단계의 욕구가 있다고 했죠. 그중 최상위 욕구가 자아실현이고, 가장 첫 번째로 충족되어야 할 욕구가 바로 생리적인 욕구입니다. 생리적인 욕구가 제대로 충족되지 않으면 인간은 다음 단계의 욕구를 실현시키고자 하는 마음 자체를 갖지 못한다고 합니다. 그런 의미에서 먹고 배설하는 것과 같은 생리 현상들은 우리 인간에게 참으로 중요합니다. 그렇지만 생리 현상은 왠지 부끄럽고, 남에게 꼭꼭 감춰야만 할 것 같습니다. 특히 월경은 감추고 싶은 생리 현상의 하나입니다.

월경대가 월경대라고 왜 말을 못해!

내가 근무하는 학교에서 지난해 화장실 개선 사업을 벌였습니다. 화장실 리모델링 추진위원회 학생들이 전교 학생들의 의견을 모아서 실내건축 전문가, 선생님, 학부님들과 함께 여러 차례 회의를 거듭한 끝에 깨끗하고 아름다운 화장실을 만들었죠.

그런데 깨끗한 화장실을 새로 만들고 나니 휴지통이 말썽거리가 되었습니다. 화장실 칸마다 휴지통을 비치해 두면 해충이 생길 수도 있고, 지저분하게 보일 수도 있다는 의견이 제기된 거였죠. 때마침 공공화장실에 있는 휴지통이 관리하기 어렵고, 세균 번식이나 악취 등의 문제를 일으킨다는 이유로 화장실 관련 법령(2018 공중화장실법 개정)이 개정된 터라, 이참에 학교도 화장실에 휴지통을 비치하지 않기로 결정했습니다.

그런데 일반 휴지는 그냥 변기에 버리면 된다지만, 물에 녹지 않는 물티슈나 월경대를 처리하는 것이 새로운 문제가 되었습니다. 시설 관리를 하는 학교 행정실에서 월경대 수거함을 화장실 칸마다 설치하기로 했죠. 그런데 구청의 지원을 받아 설치한 월경대 수거함에는 '위생용품 수거함'이라는 명칭이 붙어 있었습니다. 왜 하필 '위생용품 수거함'일까요? 그건 식약처 고시에서 생리대를 '위생처리용 위생대'로 표기하고 있기 때문입니다.

월경대를 월경대라고 부르지 못하고 위생용품이라고 부르고 있다는 것은 우리 사회가 월경에 대해 편견을 가지고 있음을 여실히 보여줍니다. 모름지기 위생용품이란 깨끗하고 상쾌한 생활을 유지하는 데 필요한 제품을 의미합니다. 월경대를 위생용품이라고 칭하는 것은 깨끗하고 상쾌한 생활을 유지하기 위해서 여성의 월경 혈은 반드시 제거되고 지워야만 하는 대상으로 간주하고 있다는 의미가 내포된 게 아닐까요?

　옛날 사람들도 월경은 여성의 임신, 출산과 관련되어 있다고 생각했습니다. '대'를 잇는다는 차원에서 임신과 출산은 예로부터 매우 중요한 것으로 여겨졌습니다. 하지만 그럼에도 불구하고, 임신·출산과 떼려야 뗄 수 없는 월경은 감춰야 할 것으로 여기고 공개적으로 밝히는 것을 꺼리는 분위기였죠. 지금과 같은 일회용 생리대가 없었던 시절에는 여성들이 '개짐', '서답', '달거리포' 등으로 불리던 천 월경대를 몰래 모아 두었다가 한밤중에 일어나 아무도 보지 않는 곳에서 빨아 널었다는 할머니의 이야기도 들은 적이 있습니다.

　오늘날은 어떨까요? 과학, 의학 등이 발달하여 월경이 여성의 몸에서 일어나는 자연적 현상이며, 월경 혈은 해롭거나 불결한 것이 아니라는 게 밝혀졌습니다. 오히려 특별한 이유 없이 월경을 하지 않거나 주기가 불규칙해지는 것이 건강 이상의 신호일 수도 있음을 알게 되었죠. 그럼에도 여전히 월경대를 위생용품이라고 부르고, 여성들은 들키면 큰일이라도 나는 물건인 양 월경대를 작은 주머니 속에 꼭꼭 숨겨 가지고 다닙니다. 심지어 '월경전증후군(PMS)'이라는 의학 용어를 동원해서 월경 중인 여성이 민감하고 이성적이지 못한 것이 마치 과학적으로 증명된 것처럼 말하기도 하죠. 그리고 이러한 주장은 관련 증상을 완화시켜 주는 약품을 판매하려는 상업적 목적으로 이용되기도 하고, 월경 기간 동안 여성은 예민하고 이성적이지 못하므로 중요한 판단을 내리는 자리에 있는 것이 적당하지 않다는 논리로 비약되기도 합니다.

여성혐오와 월경에 대한 무례

여러분도 잘 알다시피 월경은 오직 여성만이 가지는 고유한 생리적 현상입니다. 그리고 특별한 경우를 제외하고 여성의 일생에서 일정 기간 동안 매월 '달이' 차오르고 기울 듯이 반복되죠. 월경은 주기적으로 질을 관통하는 혈류, 곧 여성의 몸을 건강하게 유지하는 출혈을 의미합니다. 난소에서 배출된 난자가 수정되지 않고 배출되면서 월경을 하게 되는 것이죠.

그런데 동서양을 막론하고 마치 직접적으로 월경이라고 부르는 게 무슨 금기인 양, 과거부터 다양한 은유적 표현으로 월경을 칭하곤 했습니다. 예를 들어, 서양에서는 '마법의 날', '딸기 날'과 같은 표현을 쓰기도 하였고, 일본에서는 여성의 월경을 생리 현상의 일부라 보고 '생리'라는 용어로 사용합니다. 우리나라도 일본의 영향을 받아서 생리라는 단어를 흔히 사용하고 있지만, 정확한 용어는 '월경'이 맞습니다.

문화인류학적으로 볼 때, 여성혐오와 월경을 불경하게 보는 문화는 매우 밀접하게 관련되어 있습니다. 특히 남녀가 불평등한 사회일수록 여성이 월경을 하는 기간 동안 여성을 일상생활에서 분리시키는 풍습이 많이 나타납니다. 예를 들어 월경을 하고 있는 여성이 음식을 하면 부정을 탄다고 하거나 월경 혈이 악귀를 부르거나 남성의 성기를 상하게 한다는 터무니없는 미신이 여러 문화권에 퍼져 있기도 하죠.

월경에 대한 무례한 태도는 지성인들도 예외는 아니었습니다. 고대 로마의 철학자 플리니우스(Plinius)는 월경 혈이 닿으면 "갓 빚은 포도주가 시큼해지고, 곡물은 시들고, 나무는 죽고, 정원의 씨앗은 바싹 마르고, 나무의 열매는 떨어지고, 칼끝은 무뎌지고, 상아의 반짝임은 흐려진다."고 했으니까요.

그뿐만이 아닙니다. 이슬람 사회에서도 월경을 부정적으로 간주했죠. 다음은 월경과 관련한 어느 이슬람 소녀의 고백입니다.

> "월경과 관련된 나의 질문에 답하는 대신에 엄마는 하루에 다섯 번 기도를 해야 한다고 말씀하셨어요. 이슬람 여성은 초경 시, 그리고 각 월경주기마다 특별한 종교 의식을 수행해야 한다고요. 공식적으로 성인 여성이 된 초경 때는 정기적인 기도 등 몇 가지 의식을 매일 치러야 해요. 그러나 초경이 지난 뒤에는 월경 기간 중에 기도하면 안 되고, 기간이 끝난 후에는 특별한 방식으로 목욕과 면도를 해야 하죠."[17]

심지어 인도 남부에서는 월경 기간 중에는 아예 가족들과 떨어져서 지내야만 했다고 합니다. 이런 문화 속에서는 월경에 대해서 공공연히 말한다는 것 자체가 여성에게 강요되는 여러 가지 금기를 깨는 행동이 되었습니다.

....
17. 레이첼 카우더 네일버프, 《마이 리틀 레드북》(박수연 옮김), 부키, 2011, 231~232쪽 참조

무지에서 비롯되는 무례

실제로 남성들 대부분은 월경에 대해서 잘 모릅니다. 얼마나 모르는가 하면 광고를 통해서 월경에 대해 접한 남성들도 적지 않다고합니다. 심지어 어떤 남자들은 과거 어느 월경대 광고에서 흡수가기가 막히게 잘 되는 것을 시각적으로 보여주기 위해서 파란색 물을 사용한 것을 보고 월경이 파란색인 줄 알았다는 웃지 못할 이야기를 전하기도 했죠.

과거에 비해 영양이나 발육 상태가 빨라진 요즘은 초경 연령이점점 더 앞당겨지고 있습니다. 이에 여자아이들은 초경이 시작되기전에 부모님 또는 학교에서 월경에 관한 이야기를 듣게 됩니다. 하지만 체계적인 교육이 이루어지는 것은 아니므로 현실감 있는 정확한 정보를 얻지는 못하고 있죠. 예를 들어 정작 초경을 시작했는데도, 교육 동영상 등에서 보았던 이미지와 달리 갈색의 분비물이 팬티에 묻은 것을 보고 월경이 시작된 것을 인지하지 못하는 경우도왕왕 있으니까요.

월경대에 대해서도 마찬가지입니다. 다양한 종류의 월경대가 있음에도 불구하고 자신에게 꼭 맞는 월경대가 어떤 것인지 자세히알아볼 기회는 갖기 어렵습니다. 월경대에 관해서 노골적으로 드러내는 것을 부끄럽게 여기고 감추는 것이 일반적입니다. 아직도 많은 여성들이 마트나 편의점에서 월경대를 구입할 때면 누가 볼 새라 얼른 봉투에 숨겨서 가지고 오곤 하니까요.

초경을 시작하면 이제 성숙한 여성으로서 생식 능력을 갖게 되었
다는 뜻이지만, 즐거운 축하보다는 걱정을 듣게 되는 경우가 많습
니다. 예를 들어 초경 이후 어른들에게 더더욱 여성다움을 강요받
는다거나 임신과 출산을 할 수 있기에 몸가짐을 각별히 더 조심해
야 한다는 걱정과 우려의 말을 많이 듣게 됩니다. 그러다 보면 왠
지 초경을 맞은 게 기쁘기보다는 부담스럽고 거추장스럽게 느껴
질 수밖에 없습니다.

여성의 새로운 인생을 여는 완경

초경부터 인생에서 월경을 하는 기간 내내 여성들은 사회적으로 월경에 대
한 무지에서 비롯된 여러 가지 불편함을 겪게 됩니다. 그런데 월경이 끝나도
문제는 계속됩니다. 월경이 멈추는 연령에 이른 여성들은 대체로 우울함을
경험하게 됩니다.

보통 50세를 전후하여 여성들은 월경이 멈추게 되는데, 이를 가리켜 폐경이
라고 합니다. 이 시기를 보통은 갱년기라고 하죠. 그런데 폐경이라는 용어 자
체가 마치 여성성의 상실과 노화를 반영한 것처럼 들립니다. 폐경은 의학적
으로 난소의 기능이 다하면서 월경이 영구적으로 멈춘 것을 의미합니다. 하
지만 달리 보면 여성이 인생의 절반을 잘 마무리했다는 의미라고도 볼 수 있
습니다. 이에 여성계에서는 월경을 완성했다는 뜻으로 완경이라고 부르자는
주장도 있습니다. 초경이 여성으로서의 삶이 시작되었던 것이라면, 완경은
여성에게 나이 듦과 동시에 또 여성으로서 인생 중후반의 또 다른 삶의 장이
펼쳐지는 출발점입니다.

월경이 비위생적이라는 생각을 조장하는 사회

혹시 여러분 중에 등교했다가 갑자기 월경을 시작해서 당황했던 기억이나 옷 밖으로 혈이 샐까 봐 조마조마했던 경험이 있나요? 월경주기를 예측하지 못하거나 미리 월경대를 준비하지 못한 상황에서 월경이 시작되면, 마치 첩보영화라도 찍는 것처럼 친구에게 속삭입니다. 절대 들켜서는 안 될 비밀처럼 소곤소곤 "혹시 그거 있어?"라고 물어보며 월경대를 빌려서 주머니에 몰래 구겨 넣은 채 화장실로 달려간 경험이 있을지도 모릅니다.

매달 사용하는 월경대이건만, 어떤 종류의 월경대가 있는지 꼼꼼하게 살펴본 적도 거의 없을 것입니다. 최근에는 탐폰, 일회용 월경대, 면 월경대, 생리 컵, 그 외에도 다양한 대안적인 월경대 용품들이 나오고 있습니다. 이에 대해서 자세히 알아보고 자신의 몸과 신체리듬에 맞는 것을 선택할 수 있도록 교육할 필요가 있습니다.

평균적으로 한 달에 한 번 혈이 나오는데, 특유의 냄새도 나고 아무래도 축축함을 느낄 수밖에 없죠. 하지만 이 모든 것이 그저 당연하고 자연스러운 현상일 뿐인데, 월경대를 생산하는 기업에서는 마치 이것이 비위생적이고 다른 사람들에게 커다란 불쾌감마저 일으킬 수 있는 것처럼 조장합니다. 그러면서 신속하게 그리고 은밀하게 처리해야 한다는 메시지를 상업 광고를 통해서 여성들에게 지속적으로 내보내고 있죠. 그래서인지 몰라도 기업들이 생산하는 대부분의 월경대들은 깨끗한 이미지를 연상시키는 흰색과 인공적인 향기를 품고 있습니다. 마치 해당 제품을 쓰면 비위생 상태에서 벗어나 상쾌하고 깨끗해질 것처럼 말이죠.

일회용 월경대의 불편한 진실

깨끗한 건 둘째 치고, 최근에는 기업에서 생산한 월경대의 안전성조차 과연 믿을 만한 것인지에 대한 회의가 들기도 합니다. 2018년 생리대에서 발암물질이 검출되었다는 뉴스로 한동안 세상이 떠들썩했습니다. 아직까지도 기업에서 만드는 일회용 월경대의 위험성에 대해서는 명확히 밝혀진 것이 없죠. 식약처에서는 시중에 판매 중인 대부분의 생리대에 대해서 "문제가 없다"고 하는 결론만 되풀이해서 내고 있지만, 매달 사용해야 하는 여성들의 입장에서는 영 찜찜할 수밖에 없습니다.

과거에 비해 여성들은 집밖에서 활동하는 시간이 길기 때문에 쉽게 교체할 수 있는 편리한 일회용 월경대 많이 착용합니다. 그런데 한 달에 한 번 일주일씩 최소한 수십 년을 사용한다는 점을 감안하면 일회용 월경대 성분이 내 몸에 어떤 영향을 끼치는지 정확하게 알아야 하지 않을까요? 소비자인 여성 스스로도 적극적으로 알려고 노력해야 할 뿐만 아니라, 월경대를 생산하는 기업들 또한 소비자들에게 정확히 알려주어야 합니다.

평균적으로 여성은 40여 년 동안 월경을 하는데, 그동안 약

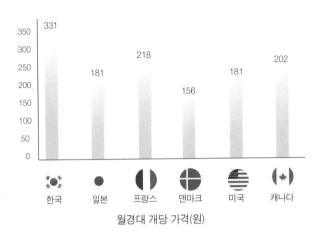

월경대 개당 가격(원)

10,000여 개 이상의 월경대를 사용한다고 합니다. 한국소비자원에 따르면, 우리나라 월경대의 개당 평균가격은 331원으로 덴마크(156원)보다 2배 이상 비싸고, 일본·미국(181원)이나 프랑스(218원)에 비해서도 상당히 높아 경제협력개발기구(OECD) 회원국 중 최고 수준이라고 합니다.

우리나라에서는 월경대를 2004년부터 부가가치세 면세 품목으로 지정했습니다. 이는 월경대를 일상생활에서 꼭 필요한 품목으로 인정하고 면세를 통해 구입 부담을 줄이려고 한 것입니다. 하지만 월경대 제조 기업들은 지속적으로 가격을 야금야금 올려 왔죠. 특히 저소득층 여학생들에겐 어느새 큰 부담이 되었습니다. 뉴스를 통해 월경대가 없어서 신발깔창을 대신 이용하고 있는 10대 여학생의 안타까운 사연이 알려지기도 했으니까요.

비용 때문에 월경대를 구입하지 못한 청소년들은 학교 보건실에 가서 월경대를 구하기도 하고, 어떤 학생들은 월경 기간 중에는 학교를 포함해서 아예 집밖으로 나가지 않는다고 합니다. 관련 단체에선 월경대를 구입하기 어려운 저소득층 15세에서 19세 사이의 여성 청소년이 족히 6만 명은 될 것으로 추산하고 있습니다. 월경대는 여성이라면 누구나 사용해야 하는 생필품이인데, 이것을 시장에만 온전히 맡겨 두는 것이 과연 정당한 가요?

여성들이 월경대를 구입할 수 없는 경제적 상황 때문에 수치심을 느껴야 한다면, 이는 인간의 존엄성과도 관련되어 있습니다. 매달 월경대 구입에 대한 경제적 걱정 없이 살아가는 것은 인간다운 삶을 위한 기본 조건 중 하나입니다. 제도적으로 이를 해결할 수 있는 정책이 만들어져야 하는 이유입니다.

 ### 서로 존중하며 더불어 사는 사회를 만드는 작은 시작

월경은 가임기 여성이라면 누구나 겪는 자연스러운 현상입니다. 그럼에도 불구하고 오랜 세월 월경은 마치 불경한 무엇인 양 무례한 취급을 받아 왔고, 현대사회에서조차 뭔가 비위생적인 생리 현상으로 치부되는 것이 안타깝습니다. 무례는 무지에서 비롯되는 경우가 많습니다. 남녀를 떠나 월경에 대해서 더 많이 알게 될수록 월경에 대한 사회 전반의 무례한 취급도 점차 사라져 갈 것입니다.

여성에게만 덧씌워진 낙태의 굴레

"아기는 여자 혼자 가질 수 없는데요?"

인간은 모두 자신의 신체와 관련된 문제에 대해 스스로 결정을 내릴 수 있는 권한을 가지고 있습니다. 앞에서 이야기했던 화장이나 다이어트, 염색이 그렇고, 요즘 힙합 가수나 터프한 이미지를 강조하는 연예인들 사이에서 유행하는 문신도 마찬가지입니다. 엄밀히 따지면 옆에서 이래라저래라 할 수 있는 문제는 아니라는 거죠. 하지만 예외도 있습니다. 대표적인 예가 바로 '낙태'입니다.

책임의 주체도, 비난의 대상도 모두 여성인 이상한 현실

여성들의 자기 결정권과 관련하여 낙태는 오랫동안 뜨거운 논쟁거리였습니다. 1967년 관련 법령(Abortion Act)을 제정하여 낙태를 합법화한 영국에서도 최근 스코틀랜드의 약물낙태 허용 법안을 계기로 낙태를 둘러싼 사회적 논쟁이 벌어지고 있다고 합니다.

낙태란 태아가 생존 능력을 갖기 이전의 임신 시기에 인공적으로 임신 상태를 종결시키는 것을 말합니다. 그런데 낙태라는 한자어를 풀어 보면 落(떨어질 '낙'), 胎(아이 밸 '태')입니다. 즉 태아를 떨어뜨리는 행위를 말하죠. 용어상으로만 보면 낙태의 주체는 아이를 배고 있는 여성이 됩니다. 이렇게 생각하면 낙태의 직접적인 책임 주체도, 비난의 대상도 여성이 됩니다. 그러나 누구나 알다시피 여성 혼자서는 절대 아이를 가질 수 없습니다. 또한 낳아서 기르는 것도 여성 혼자 해내기는 버겁습니다. 그렇기 때문에 아이를 낳기로 결정하고 키우는 것은 동반자와 함께해야 하죠. 이런 이유로 마치 여성에게 모두 책임을 덧씌우는 것 같은 낙태라는 용어 대신에 임신중단으로 사용하자는 움직임이 있습니다.

태아의 생명권과 여성의 자기 결정권 사이의 딜레마

낙태에 관한 논쟁이 치열하게 이어져 온 이유는 바로 태아의 생명권과 깊은 관련이 있기 때문입니다. 생명에 대한 권리는 가장 근원적인 인권이라고 할 수 있죠. 어머니의 배 속에 있는 태아는 비록 독자적으로 생명을 유지할 수는 없는 상태이지만, 특별한 사정이 발생하지 않는 한 어엿한 인간으로 성장할 가능성이 큰 존재이기도 합니다. 그러므로 태아에게도 당연히 생명권이 인정되어야 한다는 것이 낙태를 금지해야 한다는 측의 핵심 주장이었죠.

그런데 낙태는 태아의 생명권뿐만 아니라, 한편으로는 여성들의 자기 결정권과도 관련되어 있습니다. 자신의 몸에 새로운 생명이 생겼다는 것을 알고도 어쩔 수 없이 그 생명을 포기할 수밖에 없는 여성들의 아픔은 실로 매우 클 것입니다. 그런 아픔에도 불구하고 여성들이 낙태를 결정하는 이유는 대부분 임신과 출산에 따르는 어려움을 도저히 감당하거나 극복할 수 없다고 판단했기 때문입니다. 이에 만약 낙태가 태아를 임신한 여성의 생명과 건강에 위험을 초래하지 않는다면 임신한 여성의 판단을 존중해야 한다는 것이 낙태를 허용해야 한다는 측의 핵심적인 주장이었죠.

낙태죄 헌법불합치

2019년 4월 11일 헌법재판소가 형법상 낙태죄 '헌법불합치' 결정을 내리고, 2020년 12월까지 법을 개정하라고 선고했습니다. 앞으로 형법 제269조·제270조의 낙태죄와 모자보건법은 개정 대상입니다. 낙태죄의 폐지에 대해서는 태아의 생명권과 여성의 자기 결정권 존중 사이에서 아주 오랜 동안 치열한 논쟁의 대상이 이루어져 왔습니다. 하지만 이번 헌법재판소의 결정은 결국 여성의 자기 결정권 쪽에 무게를 둔 판결이라고 할 수 있을 것입니다. 앞으로 완전한 법 개정에 이르기까지는 잡음도 많을 것이고, 의료계 및 종교계 등을 포괄하는 사회적 논의도 이루어져야 하겠지만, 오랜 시간 이어온 찬반논쟁은 일단 이번 판결로 일단락되었습니다.

....
18. 헌법재판소 2019.4.11 2017헌바127 형법 제269조 제1항 등 위헌소원

사실 낙태를 단순하게 찬반논리로만 접근하는 것은 바람직하지 않다고 생각합니다. 임신의 원인, 산모의 건강 상태, 육아 환경 등을 종합적으로 살펴보고, 사례별로 낙태 결정에 대하여 접근할 필요가 있죠. 특히 낙태를 통해서 가장 큰 심리적·육체적 타격을 받게 되는 임신부에게 우선적으로 주목해야 합니다. 어쩔 수 없이 낙태를 하는 경우라면 원하지 않는 임신을 하였거나, 도저히 아이를 낳아서 기를 수 있는 여건이 안 되는 경우가 대부분입니다. 즉 어쩔 수 없이 낙태를 선택한 여성들의 목소리에도 귀를 기울일 필요가 있다는 뜻입니다.

그렇다고 이 말이 태아의 생명은 경시해도 좋다는 뜻은 아닙니다. 하지만 성폭행으로 임신을 하게 된 경우, 아직 부모로서 역할하기 어려운 10대가 임신한 경우, 본인 스스로도 생활고에 시달리고 있어 경제적 여건상 아이를 낳아 기를 수 없는 경우, 치명적인 건강상의 이유로 출산을 감당하기 어려운 경우 등 나름대로는 매우 어렵고 절박한 상황에 놓여 있는 임신부의 자기 결정권을 무시하는 것도 여성에 대한 또 다른 형태의 폭력일 수 있습니다.

사실 우리나라 병원들은 그동안 행여나 낙태 처벌 조항으로 법적인 책임을 뒤집어쓸까 봐 「모자보건법」 14조의 합법적인 낙태시술까지도 꺼려 왔습니다. 일부 산부인과에서는 터무니없이 높은 비용을 요구하기도 했답니다. 이로 인해 원치 않는 임신을 한 임부들이 낙태시술을 해줄 산부인과를 찾지 못하거나 높은 위험 부담을 감수한 채 무허가 불법 시술소를 찾는 일도 있었죠. 이는 임부의 생명과 건강에 커다란 위협이 되었습니다. 2010년 보건복지부의 조사 결과에 따르면 전체 낙태시술의 70% 정도가 불법 낙태시술로 추정된다고 밝혔습니다.

낙태죄의 헌법불합치 판결에 따라 앞으로는 법 개정이 이루어지겠지만, 지금까지는 다음의 예외를 제외하고 법으로 낙태를 금지해 왔죠. 내용을 곰곰이 살펴보면 알 수 있지만, 주로 질병이나 관습에 관해서만 고려하고 있을 뿐, 여성의 선택할 권리라든가 나름의 절박한 상황이라든가 심리적인 요인 같은 것들에 대해서는 전혀 고려해 오지 않았음을 알 수 있습니다.

(구)「모자보건법」 제14조(인공임신중절수술의 허용한계)

① 의사는 다음 각 호의 어느 하나에 해당되는 경우에만 본인과 배우자(사실상의 혼인관계에 있는 사람을 포함한다. 이하 같다)의 동의를 받아 인공임신중절수술을 할 수 있다.

1. 본인이나 배우자가 대통령령으로 정하는 우생학적(優生學的) 또는 유전학적 정신장애나 신체질환이 있는 경우

2. 본인이나 배우자가 대통령령으로 정하는 전염성 질환이 있는 경우

3. 강간 또는 준강간(準强姦)에 의하여 임신된 경우

4. 법률상 혼인할 수 없는 혈족 또는 인척 간에 임신된 경우

5. 임신의 지속이 보건의학적 이유로 모체의 건강을 심각하게 해치고 있거나 해칠 우려가 있는 경우

낙태의 금지나 허용 모두 근본적 해결책이 될 수 없다

지금까지 낙태한 여성과 시술한 의사는 모두 낙태죄의 처벌 대상이 었습니다. 그런데 남성은 '여성의 낙태에 동의한 경우'에만 처벌 대상이었죠. 이 말은 곧 낙태에 반대하거나 낙태에 대한 의사 표명을 하지 않았을 때에는 처벌할 수 없다는 뜻입니다. 심지어 일부 파렴치한 남성들은 헤어진 이후에 낙태한 사실을 까발리겠다며 여성들을 협박하면서 금전적 요구나 성적 대가를 요구하기도 했죠.

이처럼 낙태를 금지함으로써 또 다른 형태의 문제들이 발생하게 되는데, 안타깝게도 그 문제들로 인한 피해의 대부분을 여자가 지게 된다는 사실은 낙태를 찬성하든 반대하든 간에 분명 다시 한 번 짚어 보아야 합니다.

비록 낙태죄가 폐지되기는 했지만, 낙태를 단지 법적으로 금지하거나 허용하는 차원의 대처는 근본적인 해결책이 될 수 없습니다. 청소년기부터 남녀 모두 피임에 대해서 지속적이고 체계적인 교육을 받음으로써 원하지 않는 임신을 예방하는 것이 훨씬 우선시되어야 하죠. 우리나라는 원칙적으로 낙태를 금지해 왔음에도 불구하고 낙태의 비율은 높고, 피임을 하는 비율은 낮다고 합니다. 피임이 잘 이루어지지 않으면 임신 확률이 높아질 수밖에 없죠. 십대 커플을 포함해 사회적으로나 경제적으로나 부모가 될 만한 준비가 충분히 이루어지지 않은 커플이라면 임신 후 낙태를 고민할 수밖에 없는 악순환이 계속될 뿐입니다.

© Pixabay

매년 3월 8일은 세계 여성의 날로 1975년부터 세계 여성의 지위 향상을 위해 UN에 의하여 공식 지정되었다. 여성운동의 취지는 남녀의 대결이 아닌 인간으로서의 당연한 권리 주장이다. 성평등의 실현은 결국 진정한 민주주의의 실현을 위해서 꼭 필요한 과정이다. 한 번쯤 여성의 입장에서 생각해 보는 성숙한 자세가 필요하지 않을까?

또한 사회적으로는 경제적 어려움, 육아의 어려움 때문에 낙태를 먼저 생각하지 않도록 낳아서 키울 수 있는 여건과 낙태를 신중하게 생각하고 판단할 수 있는 상담 서비스, 의학 서비스가 마련되어야 할 것입니다. 이를 위해서 미혼모에 대한 경제적 지원, 상담 지원, 육아를 위한 근무 시간의 단축 및 탄력적 선택 보장, 남성과 여성에게 모두 육아휴직 보장 및 확대, 아이 돌봄 서비스의 제공 등이 필요하죠. 아울러 미혼모와 비혼모에 대한 부정적인 사회 인식도 바뀌어야 합니다.

낙태에 대한 논쟁은 비단 우리나라에서만 이루어진 것은 아닙니다. 특히 외국의 사례를 보면 낙태율은 단순히 불법이냐 합법이냐의 여부가 아니라, 다양한 사회적 변수에 영향을 받는다는 것을 알 수 있습니다.

루마니아는 1966년부터 1989년까지 엄격한 낙태금지법을 시행했습니다. 낙태금지법으로 출산율은 초반 3~4년 동안에 반짝 증가했을 뿐 곧 다시 감소했다고 합니다. 경제적으로 형편이 넉넉하지 않은 사람들은 몰래 불법 시술을 받는 경우가 늘어났고 출산율은 오히려 감소했습니다. 아울러 예기치 않았던 사회문제들이 터져 나왔습니다. 예컨대 고아원에 버려지는 아이들의 수가 늘어났고, 유아사망률도 높아졌죠. 또한 임신 중 혹은 출산 후 42일 이내 사망하는 여성의 경우를 나타내는 모성사망비[19]가 낙태금지법 시행 전보다 7배나 급증했다고 합니다. 그러다가 1989년 낙태금지법이 철폐된 이후 모성사망비는 이전의 절반으로 감소하게 되죠.

반면 임신 24주 이전까지는 낙태를 전면 허용하는 네덜란드의 경우는 낙태율이 인구 1,000명당 9.7명(2010년)으로 상당히 낮은 편이라고 합니다. 사회 경제적 이유의 낙태까지 법적으로 폭넓게 허용하고 있지만, 낙태를 최소화하기 위한 사회적 안전장치들이 잘 갖춰져 있기 때문이죠. 예를 들어 네덜란드에서는 낙태를 결정하기 전에 의사 2인 및 사회복지사 등과 충분히 상담을 한 후 4~7일간의 숙려기간을 거쳐야 합니다. 아울러 낙태를 하지 않을 경우 받을 수 있는 사

---

19. 신생아 10만 명당 산모의 산모가 임신 또는 임신 관리로 인해 임신 중, 분만 중 사망한 수를 말한다.

회복지 서비스 및 입양 절차 등의 정보도 제공된다고 합니다.[20]

이제 우리나라도 낙태죄가 폐지되었습니다. 그러니까 더더욱 낙태 아니 임신중단에 대해서 좀 더 여성의 입장에서 접근해 볼 필요가 있지 않을까요? 왜 임신부들이 임신중단을 선택하려 하는지 그들의 입장에서 생각해 보고, 또 임신부들이 극단적인 선택에 내몰리지 않도록 사회가 어떻게 바뀌어야 하는지 함께 고민해야 합니다. 이것이야말로 여성의 인권을 보호하는 동시에 태아의 생명권을 보호하는 길일 것입니다.

 서로 존중하며 더불어 사는 사회를 만드는 작은 시작

낙태에 대한 책임과 고통의 대부분은 여성이 짊어지고 살아가는 경우가 많습니다. 그런 의미에서 우선 용어부터 여성에게만 모든 책임을 씌우는 낙태보다는 임신중단이라는 표현을 쓰는 것이 좋겠습니다. 우리가 관심을 기울여야 할 것은 낙태 그 자체가 아닙니다. 좀 더 여성의 입장에서 공감이 필요합니다. 그리고 아직도 우리 사회에 만연한 여러 가지 편견들이 사라지도록 함께 노력하는 것이 훨씬 더 중요하다는 것을 기억해 주세요.

....
20. 김승섭, 《아픔이 길이 되려면》, 동아시아, 2017

은밀히 성차별을 조장해 온 학교

"더 이상 한계를 강요하지 말아 주세요!"

과거와 달리 현대사회에서 남성 또는 여성이라는 이유로 직업 선택의 자유를 제한받는 경우는 거의 드물죠. 그럼에도 불구하고 특정 직업들은 여전히 여성 또는 남성의 직업으로 세간에 인식되는 경향이 있습니다. 아울러 성별에 따른 선호가 매우 뚜렷하게 나타나는 직종들도 있습니다.

누가 시킨 것도 아닌데, 왜 지레 한계를 설정할까?

고등학교 3학년 학생들을 대상으로 진학 상담을 하다 보면, 여학생들 사이에서 유난히 인기 있는 직업들이 있습니다. 대표적으로 간호사, 교사, 항공기 승무원, 의상 디자이너, 사회 복지사 등입니다. 왜 그럴까요? 위의 직업들은 실제로도 남성에 비해 여성 종사자들의 비율이 높은 편입니다. 어쩌면 여자이기 때문에 받는 차별이 적을 것이라는 생각이 영향을 미친 게 아닐까요?

여학생들은 진로 목표를 세울 때면 누가 일부러 시키거나 강요한 것도 아닌데, 스스로 어떤 한계를 설정해버리는 경우가 적지 않습니다. 안타깝게도 이러한 한계를 설정함으로써 더 나은 목표를 향하고자 하는 동기 자체를 가로막고, 목표 달성을 위해서 자신의 능력을 개발하려는 의지, 즉 교육에 대한 의지마저 약화시키고 맙니다. 프랑스의 철학자이자 여성 운동가인 실비안 아가생스키(Sylviane Agacinski)는 이와 관련하여 다음과 같이 말했습니다.

> 여자아이들은 학교에서 좋은 결과를 얻고 있습니다. 프랑스에서 같은 연령대의 고등학생 중 졸업장을 받는 여학생이 51%인 반면 남학생은 37%입니다. 하지만 대학입학자격시험에 합격하고 나면 프랑스에서 중요시하는 이공계를 선택하는 여학생은 매우 드물죠. 그리고 법학을 중요시하는 독일에서는 대학의 법학과에 여학생의 수가 극히 적습니다. 이런 현상을 통해서 고등학교를 졸업한 여학생들이 진로를 결정하는 기준이 무엇인지를 따져 볼 수 있겠죠. 〈중략〉 여학생들은 대학을 졸업하고 사회에 나왔을 때 맡게 될 역할을 생각하면 남학생들에게 주눅이 들 겁니다.[21]

만약 이것이 현실이라면 여학생들이 스스로 한계를 극복할 수 있도

---

21. 미셸 페로 외, 앞의 책, 116~118쪽 참조

록 여학생들을 위한 교육이 필요하다고 생각합니다. 어떤 교육이 필요한지 다음 장면들을 통해 한 번 생각해 볼까요?

> 장면 1. (초등학교 교실) 장래에 어떤 직업을 갖고 싶은지 말해 보겠어요? 학생들의 책상 위에 펼쳐진 교과서에는 의사는 남자로, 간호사, 교사, 기상 캐스터는 여자로 그려 놓은 삽화가 실려 있다.[22]
>
> 장면 2. (학칙 개정에 대한 토론회) 우리 학교 교칙 중 화장에 대한 규정을 개정하자는 의견이 나왔는데, 여학생 대표가 제안 사유를 설명해 주시기 바랍니다.
>
> 장면 3. (학급 내 역할 정하기) 우리 반 총무는 누가 맡을까? 총무는 학급비도 관리하고 꼼꼼해야 하니깐 여학생이 담당하는 것이 좋을 것 같아. 체육 부장은 어떻게 할까? 당연히 남자가 해야겠지?

위의 장면들 모두 여러분에게 익숙할 것입니다. 아마도 학교에서 실제로 경험해 보았을 테니까요. 앞의 장면들 속에서는 공통적으로 여자들에게 해당되는 직업, 행동, 역할 등에 대한 차별적 고정관념이 담겨져 있습니다. 학교는 이러한 고정관념들을 학생들에게 알게 모르게 내면화시켜 왔죠.

....
22. 여성가족부, 〈교과서 속의 성차별 이렇게 바꿔 주세요〉, 2018

차별적 고정관념을 내면화시키지 않는 교육의 필요성

고정관념을 심어 주는 교육이 여학생들에게 불리한 교육의 핵심적인 성격이라면, 반대로 여학생을 위해 필요한 교육이란 무엇보다 차별적 고정관념을 내면화시키지 않는 교육을 의미합니다. 이는 단순하게 남학생과 여학생이 똑같은 교실에 앉아 똑같은 교육과정에 따라서 똑같은 선생님에게 받는 교육을 의미하는 것이 아닙니다. 그것보다 한 걸음 더 나아가야 하죠.

좀 더 적극적으로 여학생들이 성에 대한 고정관념에 의문을 제기하고 당당하게 맞설 수 있는 용기와 의지를 가질 수 있게 해주어야 합니다. 다시 말해 성별에 상관없이 누구든 원하는 것을 실현할 수 있는 기회가 있음을 확신하고, 이를 위해서 노력하려는 용기와 의지 말이죠. 성별에 따라 적성, 역할, 직업을 구분하고 이에 따라 남녀가 서로 다른 교육을 받는 것을 당연시하는 것은 참으로 경계해야 할 태도입니다.

이를 실현하려면 차별적인 가치가 담겨 있는 교육 내용과 아직도 남아 있는 가부장적인 학교 문화와 구조를 파헤쳐 볼 필요가 있습니다. 다행히 최근 들어 우리 사회에서 성평등에 대한 관심이 높아지면서 학교에서 관습적으로 나타나고 있는 다양한 차별적 요소들에 대해서도 개선하려는 노력이 함께 이루어지고 있죠. 예를 들어 볼까요? 2018년에 여성가족부는 교과서의 성차별적 표현 개선 방안에 대해 국민 의견을 수렴하는 온라인 국민 참여 공모 '바꾸면

쓸모 있는 성평등 교과서'를 진행하였습니다. 공모는 국민들이 초·중·고등학교 교과서, 학습지, 유아용 교재 등 각종 교육 자료에서 찾은 성차별적 표현과 이를 평등하게 바꾼 표현을 댓글로 제안하는 방식으로 이루어졌죠.

여성과 남성의 특성, 역할, 직업, 외모 등에 관한 '성별 고정관념'이 들어 있는 성차별적 표현, 국어 교과서에 '남성적' 어조와 '여성적' 어조를 구분하여 설명하는 것, 성별에 따라 직업 등을 구분한 사례, 독립운동가 등 역사적 위인을 소개할 때 여성을 포함하지 않거나 남성 위인의 조력자로만 소개하는 것, 교과서의 성희롱·성폭력 예방 관련 내용이 단지 피해자가 되지 않기 위한 방법 위주로 설명되어 있는 것 등 많은 문제점이 지적되었습니다. 혹시 여러분 중에도 이러한 교육 내용을 통해 은연중에 강요받는 차별적인 사회 기준은 없는지 스스로 되돌아볼 필요가 있습니다.

우리가 당연하게 여겨온 일상적인 학교생활에도 성차별적 요소는 여전히 남아 있습니다. 이러한 생활이 매일 반복되다 보면 무의식적으로 성 불평등 관념과 가치관이 내면화되죠. 예컨대 남녀 공학의 학급 출석번호를 보면 남학생에게 앞 번호를 부여하고, 여학생들에게는 남학생 다음부터 번호를 부여하는 경우가 많습니다. 물론 그 반대의 경우도 있을 수 있겠지만, 이 또한 생각할수록 이상합니다. 그저 이름의 가, 나, 다 순에 따라 남녀 상관없이 번호를 부여한다고 해서 학급 운영에 별다른 문제가 생기는 것도 아닌데, 굳이 불필요한 구분 짓기를 하고 있는 것이니까요. 어디 그것뿐인가요?

학급별 체육 대회는 남학생이 중심이 되어 준비하도록 하고, 합창 대회 준비는 여학생들이 주도하도록 하는 것 또한 일상적인 학교의 모습입니다. 체육 시간에 여학생이 몸이 안 좋다며 그늘에서 쉬기를 원하면 대체로 받아들여지지만, 남학생의 경우에는 잘 받아들여지지도 않고, 때로는 꾸지람을 듣기도 합니다. 교칙을 위반한 학생을 지도하는 선생님의 태도도 남학생과 여학생에 따라 달라지곤 합니다. 일반적으로 여학생에 비해 남학생을 대할 때면 선생님들의 표정과 말투는 더 엄해지죠. 이러한 태도를 당연하게 받아들이는 학생들의 머릿속에는 이미 '여자는 남자보다 약하다'와 같은 잘못된 남성 우월주의가 깊이 새겨졌는지도 모릅니다. 또 받아들이지 못하는 남학생들에게는 '남자이기 때문에 오히려 차별을 받고 있다'는 그릇된 피해의식마저 심어 줄 수 있습니다. 이와 같은 우월주의와 피해의식이 쌓이다 보면 최근 불거지고 있는 상대방 성을 혐오하는 심각한 상태로 비화될 수 있습니다.

여교사 증가를 걱정하는 대중의 속내에 담긴 성차별

최근 우리 사회에서 많은 사람들이 우려하는 학교의 모습 중 하나가 바로 여성 교사의 비율이 높아지는 것입니다. 사람들은 왜 그런 걱정을 하는 걸까요? 일부 사람들은 여교사의 비율이 높아지면서 학생들이 여성화되는 것 아니냐며 걱정을 합니다. 실제로 2018년 기준 초등학교는 77.17, 중학교 69.71%, 고등학교 52.40%로 모두 여자 교사의 비율이 더 높습니다.[23]

게다가 최근 학생들 간의 학교폭력사건, 학생에 의한 교권침해 사건이 사회적 쟁점이 되면서 여교사들의 높은 비율이 마치 큰 문제인 것처럼 비쳐지기도 합니다. 폭행, 괴롭힘과 같은 거친 행동을 하는 학생들을 연약한 여자 교사가 제대로 통제할 수 없을 거라는 편견 가득한 우려라고 할 수 있죠. 이렇게 생각하는 사람들은 학생들이 꼼짝하지 못하는 무서운 남자 선생님이 계셔야 거친 행동을 일으키거나 선생님의 지도에 반항하는 아이들을 제압할 수 있다고 생각하기 때문에 남자 선생님이 여자 선생님보다 적합하다고 여깁니다. 이처럼 많은 부분에서 학교는 아직까지도 남자 중심의 구조와 문화가 존재함을 확인할 수 있습니다.

하지만 사실은 이와 다릅니다. 거친 학생을 다루는 데에는 여자 선생님들뿐만 아니라 많은 남자 선생님들도 어려움을 겪습니다. 오히려 남자 선생님 같은 경우는 '남자가 그런 학생도 제대로 다루지 못해서 어떻게 하냐?'라는 비난의 눈초리를 받기도 하죠. 남성적 학교 구조와 문화에 적응하지 못하면 여자든 남자든 무능한 교사로 낙인찍히는 것입니다. 이러한 학교 구조와 문화 속에서 생활하고 배우는 학생이라면 내면 깊숙이 성차별적 의식이 새겨진 채 성장할 가능성이 높아질 것입니다.

....
23. 통계청, 교육기본통계, 초·중·고등학교 개황

교사—학생 관계 속에 투영된 남녀의 권력관계

청소년기는 질풍노도의 시기입니다. 격동적인 감정의 변화를 느끼는 시기이다 보니 반항심도 솟구치죠. 사실 청소년의 반항은 어른이 되어 가는 과정에서 겪는 지극히 자연스러운 현상이라고 볼 수 있습니다. 하지만 때로는 잘못된 방법으로 반항심을 표출하는 사례가 종종 있습니다. 교사에 대한 폭언이나 폭행도 그중 하나라고 할 수 있죠.

한국교원단체총연합회의 자료에 따르면 지난 10년간 학교에서 학생들의 폭언, 폭행 등으로 인해 교권침해를 당한 사례가 무려 2.5 배나 증가한 것으로 나타났다고 합니다.[24] 특히 여교사에 대한 교권침해 사례가 두드러진다고 하는군요.

일반적으로 학교 내에서 가장 기본적인 권력 관계는 교사-학생의 관계입니다. 그런데 학생에 의한 여자 교사의 교권침해 사례가 증가하고 있다는 것 또는 여자 교사가 증가하고 있는 상황에서 교권침해 사례가 증가하고 있다는 것은 교사-학생의 권력 관계 안에도 남자-여자의 권력 관계가 그대로 반영되고 있다는 것을 의미합니다. 즉 남자 교사보다 여자 교사에게 반항하는 학생이 많다는 것은 현재 우리나라의 학교 교육 환경 또는 문화가 남성 중심의 권력 구조와 깊은 연관이 있다는 거죠.

....
24. 연합뉴스, 2018.11.27. 기사에서 재인용

이러한 교육 환경과 문화 속에서는 여자 교사는 물론 사회에서 전형적으로 말하는 남성성을 갖추지 못한 남자 교사는 소외되기 쉽습니다. 흔히 말하는 남자다움의 특성을 갖출 것이 암암리에 강요되고 있고, 만약 그렇게 하지 않으면 이질적인 존재로 간주되어 은근히 무시를 당할 수도 있습니다. 성적 고정관념에 사로잡힌 교사들에게 교육을 받다 보면 학생들 또한 공동체 생활에서는 남자가 더 유능하다는 왜곡된 성관념을 갖게 될 수 있는 것입니다. 이런 점을 고려해 보면 여자 교사의 비율이 높아지면 학생들이 지나치게 여성화될 것이라는 생각은 참으로 쓸데없는 걱정일 수 있습니다. 그야말로 별걱정을 다하는 일이죠.

여성을 위한 교육이라는 측면에서 보면, 현재와 같은 남성 중심주의 학교 문화와 구조는 여성들의 자기 효능감을 약화시킵니다. 즉 학생들에게 '사회에서는 여성보다 남성이 더 필요하다'는 생각을 암암리에 심어 줌으로써 사회에 나갔을 때 자신의 역할, 성장 가능성에 대해 스스로 한계를 설정하게 만들 수 있죠.

다시 말하지만, 여성을 위한 교육이란 오직 여성만을 위한 교육을 의미하는 것이 아니라 '차별이 없는 교육'을 의미합니다. 남성들이 여성에 대해서 어떤 우월감이나 차별적 의식을 갖지 않게 해주고, 여성들도 어떤 한계 속에 자신을 가두지 않고 자기 개발과 자아실현의 의지를 가지고 계속 노력할 수 있도록 용기를 북돋아 주는 교육을 말하죠.

이를 위해서는 차별적인 교육 내용뿐만 아니라 교육이 이루어지는 현장에서의 차별적인 문화와 구조 역시 바로 잡아 가도록 꾸준히 노력해야 합니다. 학교 구성원인 여러분 또한 차별적인 문화와 구조가 존재한다면 이를 인지하고 적극적으로 개선하기 위해서 노력하는 자세가 필요합니다.

 서로 존중하며 더불어 사는 사회를 만드는 작은 시작

학교는 그동안 알게 모르게 여러 가지 성차별적 고정관념을 강화시키는 역할을 해왔다는 점에서 반성이 필요합니다. 청소년 여러분도 혹시 성차별적 인식을 강요당한 교육을 의심 없이 수용해 왔을지 모릅니다. 중요한 것은 스스로 인식하고 달라지려는 의지입니다. 잘못된 것에 대해서는 당당하게 이의를 제기할 수 있는 용기가 필요한 때입니다.

외모 스펙을 강요하는 사회

"그 일을 하려면 왜 예뻐야 하나요?"

2018년 기준으로 유엔개발계획(UNDP)보고서에 의하면 대한민국은 아시아 1위, G20 2위, 전 세계 10위를 기록한 성평등 국가라고 합니다. 그렇지만 대체로 많은 여성들이 이를 제대로 실감하지는 못하는 분위기입니다. 걸핏하면 언론에서는 남성과 여성 사이의 승진이나 임금 차별에 관해 다루곤 하죠. 그런데 여성에게 차별은 비단 승진이나 임금뿐만이 아닌 것 같습니다.

얼굴로 일하는 건 아니잖아요?

벌써 몇 해 전의 일입니다. 가르쳤던 한 여학생이 졸업 후 오랜만에 학교로 다시 찾아온 적이 있습니다. 반가운 마음으로 맞이하며, 요즘 어떻게 지내는지 안부를 물었습니다. 그랬더니 고등학교 생활은 그럭저럭 잘 적응하고 있는데, 주말에 하는 아르바이트가 조금 힘들다고 하더군요. 아르바이트 이야기를 할 때 얼굴에 지쳐 보이는 표정이 역력히 드러나 안쓰러운 마음에 어깨를 토닥이며, 그래도 대견하다고 위로 섞인 칭찬을 해주었습니다.

공감 어린 위로에 마음이 적잖이 열렸는지 아르바이트를 할 때 겪은 일들을 술술 털어놓기 시작했습니다. 그 학생은 어느 백화점에 입점해 있는 프랜차이즈 패스트푸드점에서 일하고 있었습니다. 그런데 어느 날 화장을 안 하고 출근을 했더니 점장이 대뜸 "왜 화장을 안 하고 왔냐?"며 화를 내더라는 것입니다. 점장이 말하기를 "여기는 백화점 안에 있는 매장이기 때문에 고객들은 어느 정도 수준이 있는 사람들이다. 백화점 매장에서 일하는 직원들도 고객들 눈높이에 맞추어야 매장에 대한 이미지가 좋아질 것이다. 그러니 앞으로는 출근할 때 외모에 신경을 써서 예쁘게 꾸미고 나와야 한다."며 따끔하게 주의를 주었다고 합니다.

또 이런 일도 있었다고 합니다. 그날따라 너무 몸이 아파서 죄송하지만 하루 쉴 수 있는지 연락을 했더니, 촉박하게 이야기를 하여 대체 근무자를 구하기 어렵다며 웬만하면 참고 출근하라고 하였답니다. 어쩔 수 없이 아픈 몸을 이끌고 나와서 조금 힘든 표정으로 있었더니 점장은 "고객들에게 상냥하게 웃으면서 대응하지 않고 그렇게 무뚝뚝한 표정으로 있으면 어떡 하냐! 그것도 여자가!"라며 호되게 야단을 쳤다고 합니다. 몸도 아픈데 너무 서러운 나머지 그 앞에서 펑펑 울 뻔 했지만, 꾹 참았다고 합니다.

여학생이라는 이유로 아르바이트생에게 화장을 하라고 강요하고, 몸이 아픈데도 불구하고 무조건 상냥하게 웃으면서 손님을 대하라는 질책은 과연 정당한 것일까요? 더군다나 '여자이기 때문에'라는 단서까지 붙인 채 말이죠.

학생의 이야기를 듣고 받아들이기 힘들고 부당한 대우를 받는다고 생각되면 공식적으로 문제를 제기해 보라고 조언을 해주었습니다. 그러자 친구들 이야기를 들어보면 다른 아르바이트도 마찬가지인 것 같다며 괜히 문제를 제기했다가 자신만 불이익을 받게 된다고 하면서 아르바이트를 하며 나름 배우는 것도 많으니까 선생님은 너무 걱정하시지 말라며 씩씩하게 작별인사를 건네더군요. 돌아서는 여학생의 모습을 보며 제대로 도움도 주지 못하고 그냥 보낸 것 같아 한편으론 미안하고, 한편으로는 나름 배우고 있다고는 하는데 혹시 부당하고 차별적인 직장 문화에 무작정 순응하는 경험만 쌓고 있는 것은 아닌지 근심이 되기도 했습니다.

또 다른 여학생의 사례도 기억이 납니다. 늘 두꺼운 문학책을 끼고 다니며 자신의 생각을 명쾌하게 표현하던 똘똘한 여학생이 있었습니다. 이 학생은 장래에 아픈 사람들을 치료하는 일을 하고 싶어 했죠. 고등학교 때 간호사로 진로목표를 정하고 열심히 노력하여 자신이 원하던 간호학과에 진학했습니다. 대학에 입학한 후에도 종종 찾아오곤 했는데, 간호학과는 공부해야 할 양도 많고 시험도 자주 본다며 과정이 어렵다고 하더군요. 대학을 졸업할 때 쯤 되어서는 종합병원에 취업하고 싶어 했습니다. 그런데 각 종합병원마다 간호사한테 바라는 외모에 대한 이미지가 있다고 하면서 몸매, 화장, 헤어스타일 등을 예전에 비해 부쩍 신경 쓰는 듯 했습니다. 그 여학생을 보며 실제로 종합병원 간호사가 되기 위해서 외모가 그렇게까지 중요한 것인지 궁금했습니다.

직무 능력과 무관한 외모가 스펙으로 포장되는 현실

물론 이는 잘못된 정보일 가능성도 있습니다. 그럼에도 간호사를 준비하는 많은 여학생들이 외모를 중요한 스펙(취직 조건)이라고 여기는 게 현실입니다. 간호사는 환자의 건강과 직결된 전문적인 업무를 담당하는 직업이죠. 이러한 업무 능력은 외모와는 상관관계가 없습니다. 그럼에도 불구하고 이러한 인식이 널리 퍼져 있다는 것은 우리 사회에서 여성들이 업무 역량 외에도 외모에 대한 압박을 크게 받고 있음을 잘 보여줍니다. 물론 남성 직원들에게도 어느 정도 외모에 대한 압박이 있을 것입니다. 하지만 여성에게는 훨씬 더 구체적으로 '예쁜' 외모가 요구되는 것이 현실입니다. 이는 여성의 노동을 평가 절하하고 있는 직장 내 그릇된 인식과 문화와 깊은 관련이 있습니다. 여성들이 남성들에 비해 업무 역량을 인정받아 고위직으로 승진하기가 어렵고, 나이가 들수록 직장 내에서 환영받지 못하는 것도 비슷한 이유라고 해석할 수 있습니다.

외모와 같이 업무 능력 외적인 요소로 여자 직원들을 평가하는 직장 내 문화 말고도 여성의 노동과 관련된 뿌리 깊은 문제는 많습니다. 그중 대표적인 것은 여자들이 많이 종사하고 있는 일자리의 질이나 안정성과 관련된 것입니다.

현재 여성의 일자리는 경공업 생산직, 소매업 판매직 또는 서비스직과 같이 임금이 낮은 자리나 비정규직이 큰 비중을 차지하고 있습니다. 여성들의 학력 수준이 높아지고, 전문직, 관리직, 공공기관이나 대기업의 사무직 등 좋은 일자리를 원하고 실제로 그런 자리에 진출하는 여성들이 증가하고 있지만, 아직까지도 그런 분야에서는 남성들의 비율이 더 높습니다. 대기업에서도 신입사원을 뽑을 때 남자 직원을 더 선호합니다. 이유는 남자가 회사에 대한 충성심이 더 높다는 생각 때문이죠. 말하자면 여성의 경우 직장을 다니다가 결혼과 출산을 하게 되면 살림과 육아에 시간을 빼앗겨 일에 집중하기 힘들고, 직장과 가정 사이에서 갈등을 겪다가 직장을 그만둘 것이라고 보는 견해가 만연해 있다는 뜻입니다.

일을 시켜 보기도 전에 시작되는 차별

회사의 입장에서 볼 때 출산과 육아로 경력이 단절될 위험성이 있는 여성은 남성에 비해 투자비용 대비 뽑아낼 수 있는 결과가 낮은 노동력입니다. 그러다 보니 성차별은 채용 단계에서부터 발생하고,

여성을 채용하더라도 중요한 업무나 승진에서 자연스럽게 배제하는 문화가 암암리에 생겨나죠.

이러한 상황은 출산과 육아를 오롯이 여성의 책임으로 돌리는 한국 사회의 차별적 인식, 가부장적 가족 문화에서 비롯된 것입니다. 과거 우리 사회는 집안에서 살림을 하고 아이를 키우는 것은 오직 여성의 일로, 직장에 가서 일을 하여 가족을 부양하는 것은 남성의 일로 생각해 왔습니다. 부부 중 남자를 '바깥사람', 여자를 '안사람'이라고 부르는 것도 같은 맥락이죠.

우리나라의 노동시장이 형성되는 과정에서도 가부장적 문화는 큰 영향을 끼쳤습니다. 경제 성장 과정에서 노동시장은 남자를 중심으로 만들어졌으며, 가장이라 불리는 남자가 받는 임금으로 생계를 유지하고, 여자는 자녀 양육이나 가사 노동을 담당하며 경제적으로 남자에게 종속되는 가부장적 문화가 재생산되었던 것입니다. 게다가 여자의 자녀 양육과 가사 노동은 정당한 경제적 가치를 인정받지도 못해 왔습니다.

급속한 경제 성장으로 경제 규모가 커지고 과거에 비해 일자리가 늘어나며, 여성의 교육 수준과 사회 참여 욕구가 높아지면서 노동 현장에서 여성들의 숫자도 많아졌습니다. 그뿐만 아니라 남녀의 임금 격차도 조금씩이나마 줄어드는 양상을 보여 왔죠. 그런데 1997년 외환위기를 겪으면서 '기업의 구조조정', '탈규제와 노동시장의 유연화'의 명목으로 노동자들의 대량 해고가 이루어집니다. 그리고 이때 많은 기업에서 여성을 우선적으로 해고 대상으로 고려했죠.

차별이 또 다른 차별을 낳는 현실을 개선하려면

1997년 외환위기 이후 연공서열을 바탕으로 한 종신 고용의 노동 형태는 거의 해체되었습니다. 노동계 전반에 비정규직이 폭넓게 늘어나면서, 해고되었던 여성들이 바로 이 불안정한 일자리를 채우게 됩니다. 이러한 일련의 과정을 거치다 보니 아직까지도 여성들의 일자리 질은 남성에 비해 낮은 것이 현실이죠. 비정규직은 정규직에 비해 실직의 위협이 높고, 같은 업무를 수행해도 정규직에 비해 임금도 적기 때문입니다.

지속적인 일자리의 불확실성과 저임금은 일자리에 대한 만족도를 떨어뜨릴 수밖에 없습니다. 또한 일자리에 대한 불안과 낮은 만족감은 개인의 자존감에도 영향을 미치죠. 인간에게 노동은 살아가기 위한 소득 활동으로서 중요한 의미를 갖기도 하지만, 한편으로는 자신의 적성과 소질에 맞는 일을 찾아서 능력을 발휘함으로써 자아를 실현하고 자존감을 발견할 수 있는 기회이기도 하니까요. 여성 노동자 중에 비정규직 비율이 높다는 것은 남성에 비해 이런 기회를 박탈당할 가능성이 그만큼 크다는 뜻입니다.

여성의 업무 역량이 제대로 인정받지 못하는 것, 낮은 임금이나 비정규직 등 일자리의 질이 낮은 것, 육아나 가사 노동의 가치가 제대로 인정받지 못하는 것 등은 모두 여성들이 노동의 진정한 의미를 발견하는 데에 장애가 되는 것들이죠. 엄밀히 말하면 여자도 남자와 동등하게 일할 수 있는 기회를 가져야 하며, 비슷한 일을 하고 있다면 임금 차별 또한 받지 않아야 합니다.

여성이 가정을 이룬 이후에도 직장생활을 지속하기 위해서는 반려자인 남성과 육아, 가사 노동 등은 함께하는 것이라는 인식을 공유해야 하고, 아울러 실천해야 합니다. 그리고 이는 남성 개인의 노력만으로 가능한 것은 아닙니다. 남성 노동자가 육아와 가사 노동에 참여할 수 있도록 직장의 노동 환경도 개선되어야 할 것이고, 사회적으로 돌봄을 함께 책임질 수 있는 구조 또한 마련되어야 할 것입니다.

 서로 존중하며 더불어 사는 사회를 만드는 작은 시작

여성의 사회 진출이 크게 늘어난 현대사회이지만, 아무리 부정해도 여성은 남성에 비해 아직까지 여러 가지 면에서 차별을 받고 있는 게 현실입니다. 업무 능력과 무관한 외모관리를 강요하는 부분도 차별의 일부라고 할 수 있겠죠. 차별을 당연한 것으로 받아들이기보다는 개개인의 인식을 바꿔야 합니다. 사회구성원의 인식이 달라지면 결국 사회 전반에 만연한 이러한 성차별적 인식들이 점차 사라지지 않을까요?

유리 천장 너머

"보이지 않는 벽에 가로막혀 있어요!"

우리 사회 곳곳에는 다양한 형태의 성차별적 사고방식이 존재합니다. 때론 아시아 1위에 세계 10위의 성평등 국가라는 말이 무색할 지경이죠. 남녀노소를 불문하고 어느 정도의 성차별을 당연시하는 인식이 무의식 깊은 곳, 아니 아예 DNA에 새겨진 것 같은 느낌을 받을 때도 종종 있으니까요.

단순한(?) 일만 하는 여자가 당연히 덜 받아야죠!

성 불평등을 주제로 수업을 하던 중 있었던 일입니다. 학생들에게 바로 앞서도 잠깐 언급했던 '남녀 임금 차이'를 성차별의 사례로 들었죠. 그러자 한 남학생이 이렇게 이의를 제기하더군요.

"선생님! 남자와 여자가 회사 내에서 하는 일이 다른데, 임금 차이가 나는 것은 당연한 것 아니에요?"

"그렇게 생각하니? 어떻게 다른데?"

"여자는 주로 단순 업무를 하고, 남자들은 주로 전문적인 업무를 하잖아요? 그래서 하위직에는 여자가 많고, 고위직에는 남자가 많은 것이고요."

"예를 들자면?"

"동네 마트에 가도 계산원으로 일하는 것은 대부분 여자잖아요. 그리고 그들을 관리 감독하는 것은 남자고요."

"실제로 큰 회사에서도 회장, 사장, 이사 등 높은 자리는 대부분 남자들이잖아요. 그런 사람들이 연봉도 훨씬 많고."

남학생의 이러한 이야기를 곰곰이 듣고 있던 한 여학생이 그 남학생의 말에 반론을 제기하였습니다.

"선생님! 고위직에 남자가 많다는 것 자체가 성차별인 것 같아요! 왜 여자라고 높은 자리까지 승진하지 못하죠?"

여학생의 이 말에 남학생은 "그건 남자들이 더 능력이 많으니깐…" 하고 다시 반론을 제기하려다 말끝을 흐리고 말았죠.

여성의 성공을 가로막고 있는 보이지 않는 벽의 실체는?

여러분도 한 번쯤 들어보았을 것입니다. 바로 '유리 천장'이라는 말입니다. 천장이 온통 유리로 꽉 막혀 있으면 유리는 투명하니까 얼핏 보면 얼마든지 자유롭게 통과할 수 있을 것 같습니다. 하지만 그

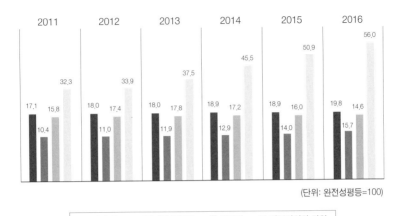

| 2011 | 2012 | 2013 | 2014 | 2015 | 2016 |

(단위: 완전성평등=100)

■ 국회의원　■ 4급이상 공무원　▨ 관리자　▨ 정부위원회 위원

의사결정 분야 성평등지표 값 변화 추이

실체는 막혀 있는 벽입니다. 유리 천장은 이와 같이 여성의 사회적 성공을 가로 막고 있는 보이지 않는 벽이 존재하고 있음을 비유하는 말입니다. 1970년대에 미국의 한 경제 일간지에서 미국 여성이 직장에서 승진하는 데 보이지 않는 차별을 당한다는 점을 강조하기 위해 처음으로 사용한 용어라고 합니다.[25] 최근에는 비단 여자뿐만 아니라, 특정 인종이나 장애인 등 사회적 소수자 모두에게 적용되는 용어로 사용되고 있죠.

이런 표현이 나오게 된 이유는 원칙과 현실의 차이 때문일 것입니다. 겉으로 얼핏 보기에는 사회 각 분야에서 마치 남녀를 불문하고 높은 자리로 얼마든지 승진할 수 있는 기회가 평등하게 주어지

25. 천재학습백과 웹사이트 https://koc.chunjae.co.kr/Dic/dicDetail.do?idx=1485

고 있는 것 같지만, 실제로는 여성들이 차별받고 있다는 뜻이죠. 게다가 이러한 차별은 여성들의 업무 능력이나 교육 수준 등과는 상관없이 이루어진다고 합니다.

여성가족부의 보고서[26]에 따르면 고위직에서 여성의 비율을 나타내는 지표의 값이 완전 성평등을 100.0으로 했을 때 국회의원 19.0, 4급 이상 공무원 15.7, 민간업체의 관리직 14.6 등으로 매우 낮게 나타나(162쪽 그래프 참조) 유리 천장이 실제로 존재하고 있음을 보여줍니다. 여성들의 사회적 성공을 가로막는 사회 구조와 문화가 여전하기 때문에 나타나는 현상입니다.

세계를 빛낸 위인들조차 피해 가지 못한 성차별

사실 이러한 사회 구조와 문화는 아주 오랜 시간 동안 인류 사회를 지배해 왔습니다. 예를 들어볼까요? 역사전문채널인 히스토리채널이 '1000년을 빛낸 세계의 100인'을 통해 전 세계 최고의 위인을 소개했습니다. 선정된 목록을 살펴보면 100명의 인물 중 여성은 15명에 불과했고, 여성 중 가장 높은 순위는 48위였죠. 그중 고위직에 해당하는 인물은 엘리노어 루즈벨트(미국 퍼스트레이디, 93위), 엘리자베스 1세(영국 여왕, 80위), 이사벨라 1세(스페인 여왕, 78위), 잔

....
26. 여성가족부, 〈2017년 성평등 보고서〉, 2018

다르크(프랑스의 전쟁영웅, 민족 지도자, 58위) 4명인데, 2명은 타고난 신분에 의해 여왕이 된 사람이고, 1명은 대통령의 부인입니다. 온전히 자신의 능력으로 고위직에 오른 여자는 그 목록에서 찾아볼 수 없었죠. 반면 남자의 경우는 85명 중 국왕, 유력 정치인, 기업인 등 고위직에 해당하는 인물은 24명이었고, 그중 타고난 신분에 의한 국왕은 단 4명이었습니다.

또 하나 이 목록에서 주목할 만한 부분은 100인 중 학자로 선정된 인물이 21명인데, 그중 남자가 19명이고, 여자는 레이첼 칼슨(87위), 퀴리 부인(53위) 단 2명뿐이라는 것입니다. 학자가 되기 위해서는 전문적인 고등교육을 받아야 하는데, 오랜 시간 교육 기회에서 남녀 간 차별이 존재했음을 보여줍니다. 그리고 이러한 교육에서의 차별은 다시 여자들의 고위직 승진을 방해하는 데 분명 중요한 요소로 작용하였을 것입니다.

히스토리 채널의 '1000년을 빛낸 세계의 100인'은 나름 권위 있는 전문가 집단의 의견을 바탕으로 선정된 것입니다. 여기에서 여자의 비율이 낮고, 그나마 선정된 인물 중 오직 자신의 능력으로 높은 지위에 오른 여성들이 거의 없다는 것은, 오래 시간 존재해 온 유리 천장의 실체를 잘 보여준다고 하겠습니다. 그만큼 유리 천장은 깨기 어려운 것입니다. 하지만 아무도 유리 천장 너머로 나아가려 하지 않는다면 성 불평등은 해결되기 어려울 것입니다.

앞에서 말했듯이 남성에 비해 사회 각 분야에서 높은 위치에 오른 여성들이 적은 것은 결코 여자들의 능력 부족 때문이 아닙니다. 딸이 아들보다 더 우수하다고 생각하는 부모들도 많습니다. 누나 또는 여동생이 자신보다 더 똑똑하다고 느끼는 남자들도 많죠. 같은 학교, 학급에서 생활하는 친구들 사이에서 여학생이 리더십을 발휘하는 경우도 많습니다. 여성들이 남성에 비해 능력이 부족하다는 주장은 객관적 근거가 없는 편견에 불과하죠. 심지어 그것이 편견이라는 것을 이미 많은 사람들이 인정하고 있습니다. 그럼에도 여전히 유리 천장은 건재합니다. 단지 편견을 버리는 것만으로는 유리 천장을 깰 수 없습니다. 제도적인 보완이 절실히 필요한 이유죠.

유리 천장의 근본적 제거를 위해 필요한 제도들

그렇다면 구체적으로 어떤 제도들이 필요할까요? 대표적인 제도로 여성할당제를 들 수 있습니다. '여성할당제'란 정치·경제·교육·고용 등 각 부문에서 채용이나 승진 시 일정한 비율을 여성에게 할당하는 제도로서 여성고용할당제 또는 젠더 쿼터 시스템(gender quota system)이라고도 합니다. 예를 들어 튀니지는 최고법인 헌법에서 남녀 동수의 의회 구성을 규정해 놓았죠.

"(튀니지 헌법 제 46조 여성의 권리) 국가는 여성의 권리를 보호하고, 강화 및 신장하는 데에 힘쓴다. 국가는 모든 직책과 분야에서 남녀의 기회 균등을 보장해야 한다. 국가는 선출직 의회에서 남녀

동수 의원단을 이루도록 힘써야 한다."

아이슬란드의 경우는 민간 부문인 기업의 이사회도 남녀 모두 최소 40% 이상이 되도록 제도화하였다고 합니다.[27] 우리나라의 경우에도 2000년에 여성할당제가 정당법에 처음 명시된 이후, 현재는 공직선거법에 각 정당의 국회 및 지방의회 비례대표에 50% 여성할당 의무화 및 남녀교호순번제(zipper system), 지역구 후보의 30% 여성 추천 권고를 규정하고 있습니다.

왜 강제성 있는 조치가 필요한가?

물론 사회 곳곳에서 여성할당제에 대한 반대의 목소리를 내는 사람들도 있습니다. 이들은 채용이나 승진의 기준이 되는 것은 능력과 자질 등이어야 하는데, 여성이든 남성이든 어느 한쪽 성에게 일정 비율의 몫을 할당하는 것은 반대 쪽 성의 능력과 자질을 갖춘 사람들의 기회를 제한하게 되므로 또 다른 형태의 차별일 뿐이라고 주장합니다.

특히 이들은 의회, 정부기관, 기업 등의 채용이나 승진 과정에서 성별에 따라 자격을 제한하는 규정이 없다는 점을 내세우기도 합니

....
27. 마이클 무어 제작 다큐멘터리, 〈다음 침공은 어디?〉, 2016

다. 즉 성별에 관계없이 균등한 기회가 보장되어 있으며, 여자도 스스로 능력과 자질을 증명하면 얼마든지 채용되고 높은 자리로 승진할 수 있다는 주장이죠. 물론 능력과 자질이 채용 및 승진의 기준이 되어야 한다는 것은 분명 맞는 말입니다. 그러나 오랜 기간 동안 고착화된 관습, 문화, 사회의 구조 등으로 인하여 어느 한쪽 성(남성)의 능력과 자질이 다른 한쪽 성(여성)의 그것보다 우수한 것으로 당연시되고 있는 상황이라면 어떤가요? 그리고 이러한 상황이 쉽게 개선되기 어렵다면 어느 정도 강제성을 가진 조치가 필요하지 않을까요? 이것이 유리 천장을 깨기 위해서 여성할당제와 같은 강제 규정이 필요한 이유입니다.

우리 헌법재판소에서도 여성할당제도를 "역사적으로 차별을 받아 왔기 때문에 특별한 보호가 필요한 장애인이나 여성과 같은 사회적 약자들에게 과거의 차별로 인한 불이익을 시정하고, 이를 보상해 주기 위한 적극적 평등실현조치"로 보았습니다.[28] 즉 그동안 가부장적인 문화와 사회 구조, 여성에 대한 편견 등으로 고용 및 승진에 대한 차별이 존재해 왔음을 인정하고. 이에 대한 시정과 보상의 필요성을 인정한 거죠.

한편, 여성들은 가사와 육아로 인하여 업무에 집중하기 어렵기 때문에 채용이나 승진 기회가 남성들에게 더 많이 주어지는 게 당연하다고 생각하는 사람도 있습니다. 하지만 이러한 생각에는 처음

....
28. 헌재 2014. 8. 28. 2013헌마553

부터 차별적 요소가 깔려 있습니다. 정말 가사와 육아가 여성들만의 몫일까요? 가사와 육아는 함께 가정을 이루고 있는 부부 또는 부모 공동의 책임입니다. 하지만 여전히 여성들이 훨씬 더 많은 부담을 짊어지고 있는 게 현실이죠. 2017년 고용노동부 연구 결과에 의하면 우리나라 맞벌이 부모의 가사 및 육아 분담률은 남자 16.5%, 여자 83.5%인 것으로 나타났고, 또 이처럼 여성들의 높은 가사 분담은 여성들의 직장생활을 가로막는 주요 요인으로 작용하는 것으로 분석되었습니다. 참고로 우리나라 맞벌이 부모 비중이 29.4%에 불과했는데, 이는 OECD 평균 58.5%의 절반에 불과한 최저 수준이었습니다.[29] 이러한 현실에서 '주당 최장 노동시간 제한, 남녀 모두에게 동일한 육아휴직 및 휴가 보장, 직장 내 어린이 보육 시설 설치' 등 가사 및 육아의 부담을 줄이고 지원할 수 있는 여러 가지 제도와 정책도 유리 천장을 깨기 위해 꼭 필요합니다.

 서로 존중하며 더불어 사는 사회를 만드는 작은 시작

우리 주변을 살펴보면 유리 천장을 깨기 위해 해소해야 할 것들이 아직 많이 있습니다. 당연하게 여겨졌던 사소한 것이라도 다시 한 번 살펴보고 개선해 나갈 때 우리는 유리 천장 너머의 진정한 평등사회로 한 걸음 더 가까이 다가설 수 있습니다.

29. 《조선일보》, 2017.7.4. 기사에서 재인용

할머니들에게 더 냉랭한 사회

"어쩌면 미래의 내 문제일지도…"

우리나라가 늙어가고 있습니다. 즉 사회가 고령화되고 있다는 뜻입니다. 65세 이상 인구 비율이 7% 이상인 사회를 고령화 사회, 14% 이상인 사회를 고령 사회, 20% 이상인 사회를 초고령 사회라고 합니다. 우리나라는 2018년 7월을 기준으로 65세 이상 고령자가 14.3%에 달해서 이미 고령 사회에 진입하였고, 이런 추세라면 2023에는 초고령 사회로 진입하고, 2060년에는 65세 이상 인구가 전체 인구의 41%를 차지할 것으로 예측되고 있습니다.

고령화 사회, 무엇이 문제인가?

게다가 더 큰 문제가 있습니다. 우리나라의 고령화 속도가 매우 빠르게 진행되고 있다는 점입니다. 그러다 보니 사회가 고령화됨에 따라 나타나는 다양한 문제점들이 속속 제기되고 있죠. 이러한 문제들이 무엇인지 정확하게 파악하고, 아울러 이에 대한 대응 방안을 마련하기 위한 노력이 시급하게 요구되고 있습니다. 그렇다면 사회가 고령화되면 어떤 문제들이 나타날까요? 몇 가지 문제점들을 정리해 보면 다음과 같습니다.

▶ 국민 경제의 어려움

우선 노동력 부족, 수요 부족, 국가재정 부담의 증가 등으로 인한 국민 경제의 어려움입니다. 전체 인구 중 노인 인구의 비중이 높아질수록 청장년층의 비중은 상대적으로 낮아진다는 것을 의미합니다. 청장년층은 전체 계층 중 가장 활발한 경제 활동 인구라는 측면에서 문제점은 더욱 심각하죠. 지금 우리나라는 일자리 부족 문제(실업 문제)가 심각하지만, 멀지 않은 미래에는 오히려 노동력 부족이 문제가 될 것입니다. 실제로 우리보다 일찌감치 고령 사회에 진입한 일본의 경우만 보더라도 현재 노동력 부족으로 인해 경제 성장의 동력을 얻기 어려운 형편이라고 합니다.

또한 노인층의 경우 막대한 재력가가 아닌 이상 개인연금, 국민연금, 저축 등 젊어서 준비해 놓은 노후 자금이나 노령 연금과 같은 국가의 공적 지원금에 의존하여 생활하게 됩니다. 따라서 일반적으로 소비 규모를 줄이게 되죠. 더욱이 노후 자금을 충분히 마련해 놓지 못한 노인들의 경우 허리띠를 바짝 졸라맬 정도로 절약하는 습관이 더욱 두드러질 수밖에 없습니다. 2018년 국민연금공단에서 노후 준비 상담을 받은 성인들의 상황을 분석해 본 결과 절반

이상이 노후 생활 자금을 충분하게 준비하지 못한 것으로 나타났다고 합니다. 이들의 노후 생활 자금 준비율은 불과 50.3% 수준이었으니까요. 이러한 상황의 노인들이 전체 인구에서 차지하는 비중이 높아지면 내수시장의 침체로까지 이어져 경제에 부정적인 영향을 미칠 수 있죠. 노인 복지를 위한 국가재정 지출 증가 또한 국민 경제 전체에 큰 부담이 될 수 있습니다.

▶ 세대 간 갈등의 심화

요즘에는 노인에 대한 적잖은 적개심을 드러내는 젊은이들을 심심치 않게 볼 수 있습니다. 특히나 노인 복지를 둘러 싼 세대 간의 갈등은 날로 첨예해지는 양상입니다. 예를 들어볼까요? 최근 우리 사회에서는 국민연금의 안정성에 대한 논란이 일고 있습니다. 정부에서 구성한 정책 자문단의 보고에 의하면 국민연금 적립기금이 2042년부터 적자로 전환되어 2057년이면 모두 소진될 것으로 예측되었습니다.[30] 이에 따라서 정책 자문단은 국민들이 부담하는 국민연금 보험료를 늘리는 방안, 국민들이 받는 국민연금 수령액을 줄이는 방안을 강구하여야 한다고 조언하기도 했죠.

  국민연금이 고갈된다는 것은 국민들이 내는 돈보다 국민들이 받는 돈이 더 많다는 것을 의미합니다. 즉 국민연금 가입자는 소득 중에서 일부를 국민연금으로 납입하였다가 일정한 연령에 도달하면

30. 《경인일보》, 2018.8.17, 기사에서 재인용

개인이 납입한 연금에, 사용자와 정부가 지원해 주는 금액을 더하여 수령하게 되는 거죠. 따라서 현재 국민연금을 납입하고 있는 사람들은 주로 소득 활동을 하고 있는 청장년 세대이고, 국민연금을 수령하고 있는 사람들은 은퇴한 노인 세대가 대부분입니다. 그러니까 노인 인구의 비중이 커지면 청장년 세대의 부담은 더더욱 증가할 수밖에 없습니다. 위 정책자문단의 예측에 의하면 국민연금 가입자 수 대비 국민연금 수급자의 비율이 2018년 16.8%, 2030년 35%, 2040년 62.7%, 2068년에는 124.1%로 증가할 것이라고 합니다. 이러한 수치는 노인 부양을 위한 젊은 세대의 부담이 증가하는 것을 의미하며, 이는 분명 세대 간의 갈등을 조장하는 촉매제로 작용할 가능성이 높습니다.

▶가장 본질적인 다양한 '노인 문제'

앞에서 언급한 문제들도 심각한 문제이기는 하지만, 다른 어떤 문제보다 사회가 고령화되면서 나타나는 가장 본질적인 문제는 '노인 문제'입니다. 대표적인 노인 문제로는 소득 부족으로 인한 빈곤 문제, 건강 문제, 소외 문제 등이 있습니다.

특히나 소득이 적은 노인들일수록 빈곤한 삶은 물론 건강 문제가 생겨도 의료혜택을 제대로 받지 못할 수 있고, 나아가 가족이나 사회에서 소외되는 문제도 겪게 됩니다.

노인 인구의 비중이 높아지면, 노인들이 겪는 여러 가지 문제는 비단 노인만의 문제로 그치지 않고 국민 다수가 겪고 있는 일반적인 문제가 될 수밖에 없습니다. 그리고 누구나 세월의 흐름은 피할 수 없습니다. 지금은 상상하기 어렵겠지만, 청소년 여러분도 언젠가는 노인이 된다는 뜻이죠. 그렇기 때문에 노인 문제에 관심을 가져야 합니다. 왜냐하면 결국 미래의 내 문제이니까요.

여성에게 더욱 취약한 우리 사회의 노인 문제

노인들은 다양한 문제 상황에 노출된다고 이야기했습니다. 대표적으로 빈곤, 건강, 소외 문제를 들 수 있겠죠. 그런데 혹시 이러한 문제들을 겪는 남성보다 여성들이 더 많다는 생각을 해본 적이 있나요? 2017년 OECD의 보고에 의하면 우리나라 남성의 평균 수명은 79세, 여성은 86세로 나타났습니다. 실제로 '2017년 인구 총 조사'에 따르면 65세 이상 인구의 성비는 74.1로 나타났는데, 이는 여성 100명당 남성 인구는 74.1명임을 의미합니다. 즉 고령층에서 여성 인구의 비율이 더 높다는 것을 알 수 있죠.

그리고 이러한 추세는 앞으로도 지속될 거라고 예상되는데, 세계 보건기구(WHO)와 영국 임페리얼 칼리지 런던이 만든 보고서를 보아도, 2030년에 태어나는 한국 남성의 기대수명은 80.07세, 여성의 기대수명은 90.82세로 여성들이 더 오래 살 것으로 예측하고 있습니다.[31] 그렇기 때문에 고령화에 따른 노인 문제를 바라볼 때는 여성의 입장에서 한 번 더 살펴볼 필요가 있는 것입니다.

▶ 할머니들에게 더 불리한 경제 문제

먼저 경제적 곤란 문제에 대하여 생각해 볼까요? 과거에는 자녀들의 노부모 부양이 당연시되었기 때문에 나이가 들어 경제 활동을 하지 않는 데 대한 부담이 별로 없었죠. 하지만 산업화·핵가족화된 현대사회는 이와 같은 미풍양속에만 의존해서는 더 이상 노인들의 경제적 곤란을 해결하기 어려워졌습니다. 자녀들에게 의탁하는 대신에 현대사회에서 은퇴한 대부분의 노인들은 금융 소득, 임대 소득, 공적 연금 및 사적 연금 등의 방식으로 노후 자금을 마련해 놓고 이에 의존하여 생활하죠. 그런데 금융 소득과 임대 소득의 원천이 되는 금융 자산, 부동산 등은 젊어서 부부가 함께 형성한 경우라도 남편의 명의로 등록된 경우가 많습니다.

통계청 자료에 따르면 2017년 기준 주택소유자 13,669,851명 중 남자는 7,666,849명이고, 여자는 6,003,002명으로 나타났죠.[32] 부부가 금슬 좋게 백년해로 하는 경우에는 별다른 문제가 되지 않을 수도 있지만, 남편이 먼저 사망하여 아내인 여성만 혼자 남는 경우에는 상속 과정에서 부인에게 돌아오는 재산은 많이 줄어듭니다. 사망에 따른 재산 상속의 권리는 배우자와 자녀(직계 비속)들이 함께 나누어 갖기 때문이죠. 남자와 여자의 평균 수명 차이에 관한 통계 자료는 이러한 경우가 적지 않음을 추론하기에 충분한 근거가 됩니다. 따라서 부부가 함께 기여하여 형성한 재산의 경우, 부부가 동등

....
31. 《주간조선》, 〈장수국가와 노인국가 사이〉, 2017년 6월 2460호
32. 통계청, 〈주택소유지분별 성별 주택소유자수 현황〉, 자료갱신일 2018.12.21

한 권리를 행사할 수 있도록 재산 등록에 대한 인식 개선과 제도적 보완이 필요합니다.

금융 소득, 임대 소득, 연금 등으로 노후 자금을 준비해 놓은 노인들은 그나마 사정이 좋은 것입니다. 먹고 살기도 빠듯해서 그마저도 준비하지 못한 노인들이 많습니다. 그러면 기초연금과 같은 공적 지원에 의존해야 하는데, 아직까지 그 규모가 매우 작아 실생활에 필요한 생활 자금을 충당하기에는 턱없이 부족합니다. 이런 경우 노인들은 재취업을 통해 스스로 소득 활동을 해야 하지만, 이게 또 쉽지 않습니다. 특히 노인 수가 상대적으로 많은 여성 노인 노동자의 취업 경쟁은 훨씬 더 치열할 수밖에 없죠. 여성 노인들에게 적합한 일자리를 적극 발굴하고 알선해 줄 필요가 있습니다. 나아가 좀 더 적극적으로 여성을 포함한 노인들의 안정적 생활 보장을 위한 복지 정책을 확대해야 하는 이유이기도 하죠.

▸할머니들을 위협하는 건강 문제

노인들이 겪고 있는 또 다른 중요 문제인 건강 문제도 여성을 중심으로 접근할 필요가 있습니다. 최근 노인 요양원에 계신 가까운 지인을 뵈러 간 적이 있습니다. 그분을 포함하여 요양원에서 지내시는 대부분은 할머니들이셨습니다. 남성에 비해 여성 고령자가 많으니 당연한 현상이라고 할 수 있겠죠. 대표적인 노인성 질환인 '치매'의 경우에도 여성 환자의 비율이 더 높은 것으로 알려져 있습니다. 2014년을 기준으로 치매 환자 중 여성(71%)이 남성(29%)보다 무려 2.5배나 많고, 연령별로는 70대 이상이 87%로 대부분을 차지하는 것으로 보고되었습니다. 사실상 70대 이상의 여성이 치매 환자의 대부분인 것입니다.[33] 이처럼 건강에 어려움을 겪는 여성 노인이 남성 노인에 비해 상대적으로 많기 때문에, 건강 문제와 관련해서도 여성에 대한 좀 더 세밀한 관심과 예방 및 치료를 위한 지원 체제가 필요하다는 것입니다.

노인 요양원에서 근무할 노인성 질환 전문 의료진을 구성할 때에는 여성 관련 질환 전문가를 포함시키는 것을 고려해 볼 수 있습니다. 재활 프로그램 및 치료 프로그램도 성비를 감안하여 마련하고 시행해야 할 것입니다. 그렇다고 해서 남성이 소외되어서는 안 되겠지만, 여성에 대하여 좀 더 세심한 배려가 필요하다는 뜻입니다. 나아가 중·장년층 여성을 대상으로 노인성 질환 발병을 예방하기 위한 의료적 지원이나 건강 프로그램 운영 등을 적극적으로 확대해 나갈 필요가 있습니다.

성비를 고려한 특화된 고령화 대비 정책을 만들고 시행하려면 분명 사회적 비용이 좀 더 발생할 수밖에 없을 것입니다. 이에 대해서 어쩌면 젊은 층, 특히 젊은 남자들은 반발할지도 모릅니다. 하지만 고령화에 따른 사회문제는 결국 미래 자신의 문제이기도 하며, 이러한 대비를 통해 한층 효율적으로 대처할 수 있다는 점에서 오히려 미래에 지불해야 할 사회적 비용을 크게 줄일 수 있습니다. 또한

....
33. 《농어촌여성신문》, 〈고령화의 그늘 치매…10명 중 1명 치매 환자〉, 2016.3.18

이는 사회적 비용의 많고 적음을 따지기 이전에 고령화된 사회에서 많은 비중을 차지할 여성 노인들의 인권 보호라는 측면에서도 반드시 검토되어야 하지 않을까요?

 서로 존중하며 더불어 사는 사회를 만드는 작은 시작

유병장수(有病長壽) 시대라고 합니다. 과거에 비해 평균수명은 증가하고 있지만 아픈 사람도 그만큼 많아졌죠. 게다가 출생률까지 저하되면서 사회가 빠르게 늙어 가고 있습니다. 늙음은 누구나 피해 갈 수 없기에, 노인 문제는 미래사회 여러분의 문제이기도 합니다. 특히 여성의 평균연령이 남성보다 높아 여성 노인 인구가 많고, 사회경제적 측면에서 오랜 시간 차별을 받아 온 탓에 더욱 취약한 것이 현실입니다. 좀 더 많은 청소년들이 여성 노인의 인권에 관심을 가지면 좋겠습니다.

앞에서 우리는 아직까지도 우리 사회 곳곳에 만연해 있는 다양한 형태의 성차별과 함께 오랜 시간 동안 알게 모르게 학습되어 우리에게 영향을 미치는 성차별적 사고에 관해서 다양한 주제들을 통해 살펴보았습니다. 지금까지는 당연하게 여겨 왔는데, 알고 보니 차별이었다는 점도 깨달았을지 모릅니다. 그렇다면 앞으로 중요한 것은 무엇일까요? 현재 우리 사회에는 마치 남녀가 패싸움을 벌이는 것 같은 모습이 종종 연출되기도 합니다. 남자는 여자를, 여자는 남자를 마치 혐오의 대상처럼 치부하죠. 남자든 여자든 모두 존중받을 권리가 있는 인간입니다. 우리가 인간으로서 다함께 잘 살기 위해서는 어떻게 해야 할까요? 그래서 끝으로 좀 더 평등한 세상으로 나아가기 위한 방안에 관해서 생각해 보려고 합니다.

3부

모두 함께
평등한
사회를 향하여

"서로 존중하며 더불어 살아가요!"

역차별에 관하여

"이게 정말 남녀차별 문제인가요?"

최근 남녀평등과 관련한 다양한 논의가 진행되고 있습니다. 사회 곳곳에서 불평등한 구조를 개선하려고 자발적인 노력이 이루어지고 있는 것은 바람직한 현상이라고 생각합니다. 그런데 우리가 잊지 말아야 할 것은 남녀를 불문하고 '성'이 차별의 이유가 되는 모든 상황에 대해 문제의식을 가져야 한다는 것입니다. 오랜 시간 남성 중심 사회라는 프레임 속에서 상대적으로 여성에 비해 드러난 사례가 적고, 남성들 또한 차별인지 자각하지 못하는 경우도 많지만, 남성들도 차별에서 완전히 자유로울 순 없습니다.

숙직은 남성이 해야 하는 게 당연한 건가요?

최근 젊은 남성들을 중심으로 '역차별'의 억울함을 호소하는 주장이 뜨겁습니다. 이러한 관점의 연장선상에서 남녀평등과 관련된 논의의 한 가지 사례를 들어볼까 합니다. 바로 '여성 공무원 숙직제도'입니다. 그동안 숙직 업무에서 제외되었던 여성 공무원들을 남성 공무원들과 동등하게 숙직 업무에 투입하려는 것입니다. 이미 몇몇 중앙정부 부서와 지방자치단체에서 실시하고 있었는데, 서울시가 2019년부터 도입하기로 함으로써 다시 주목을 받았죠.

그런데 이 문제가 특별한 것은 남녀평등과 관련된 대부분의 논쟁에 있어서 차별받고 불이익을 받는 대상이 여성이었으나, 이 경우에는 남성들의 불이익 내지는 피해에 주목한다는 점에서 남성에 대한 역차별에 관한 문제의식을 제기합니다.

여성 공무원 숙직제도는 직장 내 양성 간 업무 평등성을 높이기 위한 취지로 마련된 하나의 조치입니다. 2017년 기준 중앙정부의 경우 여성 공무원의 비율이 50.2%로 이미 절반을 넘어섰고, 지방자치단체의 경우도 점차 증가하여 39.2%를 차지한다고 합니다.[34] 앞으로도 여성 공무원의 비율은 더욱 높아질 것으로 예상되는데, 이러한 상황에서 남성들만 계속해서 숙직 업무를 담당하게 하는 것은 업무 형평성상 바람직하지 않다는 주장인 거죠.

여성 공무원 숙직제도에 대한 사람들의 반응은 어떨까요? 서울시가 여성 공무원 숙직 도입을 앞두고 직원들을 대상으로 실시한 설문 조사에 따르면 남녀 모두 찬성하는 의견이 다소 높은 것(응답자 평균 63%, 남자 66%, 여자 53%)으로 나타났습니다.[35] 사회 수업시

34. 한국정책연구원, 성인지통계, 〈중앙·지방자치단체 공무원수(성/직급별)〉, 자료갱신일 2018.7.25

간에 이 문제를 가지고 학생들과 함께 토론한 적이 있습니다. 그때 보인 학생들의 반응 또한 비슷했죠. 남학생과 여학생 모두 대체로 여성 공무원 숙직제도에 좀 더 찬성하는 분위기였습니다.

같은 이슈에 대한 남녀의 서로 다른 관점

그런데 학생들의 생각을 좀 더 자세히 들여다보니 흥미로운 점이 발견되었습니다. 왜냐하면 제도 도입 자체에 대해서는 남녀 모두 찬성이지만, 그렇다고 같은 곳을 바라보는 건 아니었으니까요. 즉 남녀 간에는 상당한 시각 차이가 있음이 드러났죠. 여학생들이 주로 든 찬성 이유를 정리하면 다음과 같습니다.

> "숙직 업무처럼 어렵다고 여겨지는 일들을 남성들이 하고 나서 잘난 체 하거나 여성들을 무시하는 태도를 보이는 게 싫어요. 여자들이 떳떳하게 자신의 권리를 주장하기 위해서는 어렵고 힘든 일도 남자들과 분담해서 할 필요가 있다고 생각해요."

반면, 남학생들이 이야기한 주된 찬성 이유는 다음과 같이 요약할 수 있었죠.

....
35. 《중앙일보》, 2018.11.29. 기사에서 재인용

"여성 공무원들을 숙직에서 배려하는 것은 여자들에게만 특혜를 주는 것입니다. 이는 남성 공무원 입장에서 보면 명백히 차별을 받는 것이죠. 여자들은 자신들이 차별받는 것에 대해서는 민감하면서 배려 받는 면에 대해서는 둔감한 것 같습니다."

이렇듯 남녀 사이에는 분명한 시각 차이가 존재하고 있었습니다. 특히 남학생들과 여학생들의 의견 속에는 서로에 대한 적지 않은 반감이 서려 있었죠. 제도 자체에 똑같이 찬성 또는 반대하느냐보다는 남녀의 시각 차이와 서로의 성별에 대해 보이는 이러한 반감에 우리는 좀 더 주목할 필요가 있습니다. 왜냐하면 이러한 반감이 쌓이면 결국 상대방 성에 대한 극단적인 혐오로 번질 수 있기 때문입니다. 그리고 우리 사회 곳곳에서 남녀가 서로를 혐오하는 분위기는 이미 무시할 수 없는 사회문제가 되고 있습니다.

성차별 논란을 부추기는 역차별의 왜곡된 해석

숙직제도, 병역 의무, 군가산점 폐지 등과 관련된 논란의 축을 이루는 역차별은 여성에 대한 남성들의 혐오를 일으키는 주요 원인이 되고 있다는 점에서 신중하게 접근해야 합니다. 역차별이란 '부당한 차별을 받는 대상을 보호하기 위한 제도나 방침이 오히려 반대편을 차별'하게 만드는 것을 말합니다. 그런데 '차이의 인정', '개인적 일탈'이 자칫 역차별로 인식되거나, 역차별 논란으로 인해서 더 근본적인 문제는 망각해버리는 경우가 종종 있습니다.

앞서 소개한 여자 공무원 숙직제도를 이미 실시하고 있는 일부 지방자치단체에서 다음과 같은 문제가 나타났다고 합니다. 여자 직원도 숙직에 참여시키면서 배려 차원에서 숙직 희망 일을 우선적으로 선택할 수 있게 하였더니, 유독 목요일에 숙직을 신청하는 여자 직원들이 많았습니다. 이로 인해 남자 직원들은 목요일 숙직 근무를 원해도 배정받기가 힘들게 되었다고 하는군요.

목요일에 숙직 근무를 희망하는 직원들이 특별히 많은 이유는 숙직을 한 다음날은 근무에서 제외되기 때문입니다. 즉 목요일에 숙직을 하면 금요일부터 일요일까지 3일간 연휴를 즐길 수 있는 것입니다. 여자 직원들에 대한 배려가 결과적으로 남자 직원들의 선택권을 제한하게 됨으로써 실질적으로 남자 직원들에게 피해가 발생했으니 마치 남자 직원들에 대한 역차별처럼 보입니다.

하지만 꼼꼼히 살펴보면 이는 역차별이 아님을 알 수 있습니다. 여자 직원들에게 숙직 일을 우선적으로 선택하게 한 것은 여성 공무원 숙직을 현장에 원만하게 정착시키기 위한 한시적인 조치입니다. 남성 공무원만 숙직에 투입시켰던 과거의 숙직제도가 남성 직원들에게 차별이었던 것이지, 여자 직원들에게 숙직 일을 우선적으로 선택할 수 있도록 배려한 것은 차별을 개선해 나가는 과정에서 취한 일시적인 적응 조치로 보는 게 타당합니다. 물론 일부 여성 직원들이 연휴를 즐기기 위해 얌체처럼 목요일만 우선적으로 숙직을 신청하는 것은 분명 잘못된 행동입니다.

'뷔페니즘'이라는 말이 있습니다. 이는 '뷔페'와 '페미니즘'의 합성어로서 뷔페에서 음식을 골라 먹듯 일부 여성들이 페미니즘이라는 명목하에 자신에게 유리한 부분만 골라 주장하고, 불리한 부분은 회피하는 현상을 지적하는 말이죠. 이런 이기적인 행동은 페미니즘의 가치를 훼손하고 남성들의 반감을 일으킵니다. 하지만 일부 개인의 이기적 행동 문제일 뿐 결코 역차별 문제는 아닌 것입니다.

중요한 건 문제의 본질이 무엇인지를 깨닫는 것

역차별 문제를 신중하게 따져봐야 하는 중요한 이유는 어떤 제도나 방침의 본질적인 문제가 자칫 상대방에 대한 차별, 역차별 논란으로 왜곡되거나 흐려질 수 있기 때문입니다.

수업시간에 학생들에게 "왜 과거에는 여자 직원들을 숙직에서 제외시켰을까?"라고 물어보았습니다. 이에 대한 학생들의 대답은 거의 모두 공통되었습니다. "여자들이 숙직을 하는 경우 도둑이나 강도 침입 등 위험한 상황이 발생하였을 때 대처하기 힘들어요." 즉 안전상의 문제가 과거 여자 직원들을 숙직에서 제외시켜 온 주된 이유였다는 게 상식적인 수준에서 파악할 수 있는 이유입니다. 안전상의 문제로 여자 직원을 숙직에서 제외시킨 의도에는 남녀차별이 아닌 차이에 대한 배려가 담긴 것이라고 봐야 할 것입니다.

'배려'는 참으로 중요한 것입니다. 하지만 배려는 여성에게만 필요한 것이 아닙니다. 남성도 당연히 배려를 받아야 하죠. 앞서 안전 문제 때문에 숙직은 남자 직원만 해왔다고 하는 것에 대해 남녀 모두 수긍했다고 했습니다. 하지만 여기에도 오류가 있습니다. 왜냐하면 엄밀히 생각해 보면, 남자 직원도 야간에 혼자 또는 몇몇이 숙직 근무를 하면서 도둑이나 강도의 침입에 위협 받을 수 있는 것은 매한가지이기 때문입니다. 남자라고 안전 문제에서 자유로운 건 아니니까요. 따라서 안전 문제를 생각한다면 아예 숙직제도 자체의 존폐에 관해 논의하는 게 맞습니다. 즉 이를 남자만 할 것인가 여자도 할 것인가로 다툴 문제가 아니라는 뜻입니다.

숙직 근무가 필요한 이유는 야간에 발생할 수 있는 화재, 절도 등의 비상사태, 긴급한 민원 처리 등에 빠르게 대응하기 위함입니다. 그렇지만 최근에는 무인 경비 시스템, 인터넷 민원 처리 시스템 등을 활용함으로써 이러한 문제에 얼마든지 효과적으로 대응할 수 있는 기술적 발전이 이루어졌죠.

한편, 노동인권 차원에서 보면 숙직 근무는 또 다른 문제를 안고 있습니다. 과도한 노동을 방지하기 위하여 기본적으로 1일 노동시간을 8시간으로 제한하고 있습니다. 일반적인 일과 중 근무시간이 휴게시간 1시간을 포함하여 9시부터 18시까지입니다. 그런데 숙직 근무자가 담당하여야 하는 시간은 18시부터 다음날 아침 9시까지입니다. 이때 총 15시간 중 노동시간인 8시간을 제한한다면 7시간의 휴게시간을 보장해야 하죠. 하지만 이럴 경우 숙직 근무 본래의 목적을 달성하기 어렵습니다. 그게 아니면 숙직 근무자가 15시간 노동이라고 하는 과중한 업무 부담을 떠안아야 하죠.

그렇다면 직장 내 양성 간 업무 평등성을 높이기 위해서 여성 직원의 숙직 도입이 필요한지를 논의할 게 아니라 숙직제도 자체의 필요성과 정당성에 대하여 우선적으로 논의해야 하는 것 아닐까요? 이렇게 되면 숙직제도를 둘러싼 남녀차별이나 역차별 논쟁은 자연스레 사그라들 것입니다.

학생들과 여성 공무원 숙직 도입에 대한 이야기를 나눌 때, 한 학생이 "차라리 숙직을 폐지하고 무인 경비 시스템을 가동하면 되잖아요, 아니면 야간 경비 등을 전담하는 전문 직원을 두던가요?" 하고 문제를 제기하기도 했죠. 이 학생이야말로 여자 공무원 숙직제도 도입을 둘러싼 문제의 본질을 제대로 파악한 게 아닐까요?

 서로 존중하며 더불어 사는 사회를 만드는 작은 시작

성차별이 여자에게만 해당되는 건 아닙니다. 하지만 최근 부각되고 있는 역차별 이슈들은 다소간 왜곡된 측면으로 인해 오히려 남녀 간 혐오만 부추기고 있다는 점에서 우려가 됩니다. 중요한 건 문제의 본질이 무엇인지 정확히 꿰뚫어 보는 데 있을 것입니다. 그것이 여자 또는 남자의 문제냐를 따지기 전에 먼저 고려되어야 하지 않을까요?

혐오를 넘어서

"김치녀, 한남, 맘충… 혐오의 끝에 내가 있어요."

반항적인 청소년기에 거칠게 말하거나 친구들끼리 사사로이 욕설을 주고받는 모습은 별로 이상할 것도 없습니다. 여러분의 부모님 세대도 아마 여러분 또래 시절에는 지금과는 좀 다른 과격한 말투였을지도 모르죠. 그런데 요즘에는 과격함을 넘어 듣기 민망한 욕을 아무렇지 않게 사용하는 청소년들이 늘고 있어 짐짓 걱정스럽습니다.

무심코 성차별적 욕설을 남발하는 청소년들

학교에서 보면 그저 평범한 대화임에도 학생들은 서로 험한 욕을 예사로 주고받곤 합니다. 물론 때로는 끼리끼리 친밀함을 표현한다는 게 좀 과격해지는 경우도 더러 있지만, 어쨌든 욕은 기본적으로 상대방의 인격을 모독하는 언어 표현입니다. 당사자는 물론 주변에서 그 욕을 듣는 사람들까지도 불쾌하게 만들기 때문에 무분별한 사용을 절대 찬성할 수 없습니다.

그런데 그중에서도 특히 더 듣기 불쾌하고 언짢은 욕이 있습니다. 바로 남학생들끼리 'XX놈'이 아닌 'XX년'으로 욕을 하는 것입니다. 'XX년'이라고 욕을 듣는 당사자인 남학생도 기분이 나쁘겠지만, 무엇보다 옆에서 이런 욕을 듣고 있어야 하는, 대화와 아무 상관 없는 여학생들까지도 매우 기분이 상하게 됩니다. 남학생이 다른 남학생에게 'XX년'이라고 욕을 하는 것은 상대 남학생의 남성성을 무시하는 동시에 상대적으로 열등하다고 생각하는 여성성을 부여함으로써 남학생들의 모임에서 모멸감을 주는 방식입니다. 즉 이러한 욕은 상대방 남성을 모욕하는 동시에 여성이 남성보다 못하고 열등하다는 그릇된 의미를 내비치는 것입니다.

학급에서 학생들의 대화를 듣다 보면 여성을 혐오하는 표현이 일상적으로 사용되고 있음을 쉽게 발견할 수 있습니다. 대표적으로 엄마를 의미하는 비하 표현이 많이 쓰이고 있습니다. 학생들은 말 끝마다 '에미(어미)'라는 단어를 마치 추임새처럼 붙이며 말을 하고, 듣는 학생들은 이를 농담처럼 여기며 웃음으로 받아칩니다. 누군가를 놀리거나 장난을 칠 때는 '니에미', '느금마', '엠창'이라는 표현을 아무렇지 않게 사용하죠.

생각해 봅시다. 여러분에게 엄마는 어떤 존재인가요? 엄마는 어느 누구에게나 소중한 사람입니다. 물론 때로는 갈등도 있고, 끝없는 잔소리가 지겨울 때도 있을 것입니다. 하지만 누구보다 나 자신과 가장 가까운 존재이고, 인간 누구에게나 근원적 존재가 바로 엄

마입니다. 특히 우리나라의 엄마들은 가족과 자녀에게 헌신하는 것으로 유명합니다. 하지만 정작 10대가 생활하는 교실에서는 '엄마'가 대표적인 비하 표현으로 탈바꿈된 채 마치 욕처럼 사용되고 있는 현실이 씁쓸할 뿐입니다.

아이러니하게도 학생들이 상대방 엄마를 들먹이며 욕하는 패륜적 발언을 일상적으로 사용하면서도 막상 자기 엄마를 비하하는 발언을 듣는 순간 분노의 감정이 폭발하여 서로 치고받고 싸우는 경우도 종종 일어난다는 것입니다. 학생들이 겉으로는 엄마에 대한 비하 표현을 아무렇지 않게 받아들이고 있는 것 같아도, 실은 엄마에 대한 소중한 감정을 가지고 있다는 뜻이겠죠.

우리가 일상생활에서 사용하는 여성혐오 표현 중에는 이러한 것들이 꽤 많습니다. 정말로 여성을 증오하고 혐오하여 사용하는 것이 아니라, 아무 생각 없이 습관적으로 사용하는 표현들 말입니다. 이러한 표현들을 고쳐 나가는 것도 혐오를 넘어서는 첫걸음이 될 수 있습니다.

미디어를 통해 급속도로 퍼지는 성차별적 유행어들

여러분이 아무렇지 않게 사용하는 말 중에는 어른의 시선에서 볼 때 참으로 낯뜨겁고 민망한 말들도 종종 있습니다. 인터넷 개인방송처럼 비교적 심의에서 자유로운 매체들이 유행하면서 이러한 경향은 점점 더 심각해지고 있죠. 대표적인 것이 '앙 기모띠'라는 말입니다. 한 인터넷 개인방송 진행자의 입에서 유행되기 시작했다고 합니다. 최근에는 어린 초등학생들도 많이 사용하고 있다고 하네요. 얼마 전 한 선생님으로부터 들은 웃지 못할 이야기입니다. 수업을 하다가 학생들이 재미있다는 반응을 '앙 기모띠'라고 표현하기에 무슨 뜻인지 몰라서 일단 그냥 함께 웃었다고 하는 군요. 나중에 수업이 끝나고서야 그 의미를 찾아보고 마치 뒤통수를 세게 얻어맞은 것처럼 아연실색하고 말았답니다.

일본 포르노물에서 비롯된 '앙 기모띠'는 성행위를 할 때 여성이 지르는 교성과 일본말 '기모치 이이'(기분이 좋다는 뜻)를 붙여 만든 말이라고 합니다. 이 말은 우선 여성을 성적 행위의 대상 내지는 쾌락의 대상으로만 여기는 측면에서 심각한 문제를 안고 있습니다. 아울러 청소년들에게 성행위 자체에 대한 그릇된 인식을 심어 줄 수 있는 아주 위험한 표현이죠.

인터넷의 발달, 스마트폰의 보급 확대, 인터넷 개인방송의 증가 등으로 인해서 청소년을 포함한 대중들은 다양한 채널을 통해서 여성 비하나 혐오의 의미를 담고 있는 표현들을 쉽게 접하게 되었습니다. 문제는 그 표현들의 의미를 정확하게 알지 못한 채 단순히 유행어나 유머로 취급하면서 무분별하게 사용됨으로써 소리 없이 혐오 표현의 일상화가 진행되고 있다는 점이죠. '앙 기모띠'라는 표현을 사용하는 학생들 중에도 그 뜻을 정확히 모른 채 그냥 유행어처럼 써 왔던 경우도 많을 것입니다.

잘못의 근원이 마치 여성성에 있는 것처럼 왜곡하는 말들

일명 '개똥녀' 사건은 여성혐오 표현의 확산을 유발한 사례 중 하나입니다. 수년 전, 한 여성이 지하철에 데리고 탄 애완견이 배설한 똥을 치우지 않고 그냥 내렸고, 그 개똥을 치우던 할아버지의 모습이 사진으로 찍혀 인터넷상에 공유되었죠. 네티즌들이 이 여성을 집중적으로 비난하면서 '개똥녀'라는 이름을 붙였습니다. 지하철과 같이 많은 사람들이 함께 사용하는 공공시설에서 애완견의 배설물을 제대로 처리하지 않은 행위는 명백한 잘못입니다. 하지만 이러한 잘못은 여자든 남자든 성별에 관계없이 저지를 수 있는 것입니다. 그럼에도 불구하고 '개똥녀'라는 표현은 사건의 당사자가 '여성'임을 강조함으로써 마치 여성성의 문제인 것처럼 확대시켰죠.

'김치녀' 또한 이런 맥락에서 여성 집단 전체에 대한 혐오 표현으로 변질되어 사용되고 있습니다. 2000년대 초반만 해도 '김치녀'는 세계에서 한국 여성을 부르는 명칭이었습니다. 대만 여성을 '밀크티녀', 일본 여성은 '벚꽃녀' 한국 여성은 '김치녀'로 불렀죠. 그러나 2011년 무렵부터인가 온라인 커뮤니티에서 느닷없이 '김치녀'가 여성에 대한 분노와 미움을 담은 의미로 쓰이고 있습니다.

일부 남성들은 여성들을 "권리는 동등하게 주장하면서, 여성이란 이유로 곤란한 일은 회피하고 경제적으로 남성에게 의존하려는 무능하고 비열한 존재"로 낙인을 찍어버립니다. 그리고 '김치녀'는 이러한 여자들을 상징하는 표현으로 사용되고 있죠. 구체적으로 '김치녀'는 "여성으로서의 권리만 주장하며 남자들에게 피해를 주거나, 남자의 외모, 학벌, 재력만 따지며 결혼을 통해 소위 팔자를 고치려는 여자"를 칭합니다. 비슷한 표현인 '된장녀'는 허영심이 많거나 남자에게 일방적인 배려를 요구하는 것을 당연시하는 여성들의 행동을 비난하고 조롱하는 의미로 사용되고 있죠.

젊은 남성층을 중심으로 번져 가는 여성혐오

여성혐오 표현은 대체 어떤 사람들이 사용하는 걸까요? 주로 젊은 세대의 남성들이 많이 사용하고 있다고 합니다. 2015년 한국여성정책연구원의 조사 결과에 따르면 남성 청소년·대학생·취업준비생·직장인 등 젊은 세대의 남성들은 모두 20~30대 여성이 나라에서 가장 많은 혜택을 받는 집단이라고 꼽았다고 합니다. 젊은 남성들의 41.3%가 이같이 응답한 것입니다.

과연 실제로도 그럴까요? 20~30대 여성들의 실상은 성희롱과 성폭력의 주요 대상이자 걸핏하면 외모로 품평되는 상품으로 취급당하기 일쑤입니다. 그럼에도 마치 대한민국의 모든 젊은 여성은 김치녀, 된장녀인 양 비하되고 있습니다. 게다가 직장에서는 임금 격차와 유리 천장으로 고통 받고 있고, 출산과 육아를 하는 과정에서는 독박육아와 경력단절 때문에 이중고를 겪고 있지만, 공공연히 벌레에 비유한 '맘충'으로까지 싸잡아 비하되고 있죠.

현실은 이러함에도 불구하고 젊은 남성 세대들 사이에서 여성혐오
가 계속 번지는 이유는 무엇일까요? 이와 관련하여 손아람 작가의
분석은 많은 것을 생각하게 해줍니다.

(남자들의 주장)"우리나라 여자들은 권리만 주장하고 의무를 주장
하지 않아, 성평등을 원하면 군대를 같이 가자. 성평등을 원한다
고? 그래 같이 군대 가자". 그런데 생각해 보세요. 남성들이 군대
에 가고 남성 위험 노동을 전담하고 데이트 비용을 내고 가족을 부
양하는 관습들을 만든 것은 여자들이 아닙니다. 남자들이에요. 대
표적으로 남자라면 군대를 가야 한다는 법을 만든 것은 남자들이
었습니다. 왜 이런 법을 만들었을까요? 〈중략〉 그렇다면 왜 젊은
남성들은 역차별을 말하고 있는 걸까요? 젊은 남성들이 보지 못하
는 성차별적인 제도의 위력은 남성이 기성세대에 진입하고 기득권
에 진입하는 30세 이후부터 어마어마하게 가속되고 격차가 벌어진
다는 거예요. 그들은 아직 이걸 경험하지 못했어요. 그렇기 때문에
자기 경험 범위 내에서는 남녀 간의 차별이 보이지 않는데, 남자는
군대를 가야 하고, 똑같이 돈 벌어서 남자가 데이트 비용을 더 내
는 것 같고, 뭔가 이런 의무만 더 있는 것 같다는 생각을 하는 겁니
다. 〈중략〉 2000년대 이후 나온 여성혐오 표현들은 이러한 인식과
관련이 깊습니다."[36]

....
36. 세상을 바꾸는 시간 15분, 〈손아람: 혐오는 비용을 치른다〉 중에서

성차별적 사회제도, 문화 등에 대한 성찰, 모든 세대가 함께 참여하는 솔직하고 진정성 있는 논의가 이루어지지 않는다면 결코 여성혐오를 넘어설 수 없습니다.

여성을 넘어 사회적 약자와 소수자로 확대되는 혐오

여성혐오는 여성을 비하하고 증오하는 데서 그치지 않습니다. 마치 몹쓸 전염병처럼 번지며 우리 사회의 소수자와 약자에 대해서도 혐오하는 표현들이 생겨나고 있죠. 어린이, 성소수자, 장애인, 외국인, 노인 등 조금이라도 약하다 싶은 대상은 예외 없이 혐오의 대상이 됩니다. 또한 최근 우리 사회의 또 다른 이슈로 떠오른 남성에 대한 여성의 혐오와 같이 혐오의 대상이 역으로 혐오를 되받아치기도 합니다.

요즈음 학생들은 급식충, 진지충 등으로 아예 서로를 벌레에 비유하기도 합니다. 혐오 표현이 공기처럼 퍼져서 일상적인 언어로 자연스럽게 사용되고 있는 거죠. 개그 프로그램, 광고, 드라마는 또 어떤가요? 혐오를 드러내는 표현을 가벼운 농담처럼 포장해 줍니다. 하지만 혐오 표현을 사용하는 사람들은 의식적이든 무의식적이든 자신의 내면에 있는 분노를 자신보다 약한 사람들을 향해 내뱉고 있는 것일지 모릅니다. 그러한 표현으로 인해 상대방은 자존감에 큰 상처를 받게 되죠. 혐오 표현은 결국 인격을 무너뜨리고 나아가 공동체마저 파괴해버릴 수 있습니다.

그렇다면 왜 우리는 같은 공동체에서 살고 있는 누군가에게 강한 분노와 혐오를 퍼붓고 있는 걸까요? 많은 학자들은 최근 우리 공동체가 겪고 있는 지나친 경쟁과 불안감을 원인으로 지목하기도 합니다. 예를 들어, 우리 사회의 경우 경제 불황의 장기화와 구조적으로 경제성장이 둔화되면서 청년들은 좋은 일자리를 잡지 못하고 있습니다. 게다가 부동산투기로 주거 비용은 천정부지로 치솟았죠. 사회적 계급은 점차 고정되어서 대를 이어서 재생산되고 있습니다. 개인이 아무리 노력하고 발버둥을 처봤자 경쟁에서 자꾸 뒤처지다 보면 자존감은 낮아지고 어느새 스스로를 비하하는 감정이 차곡차곡 쌓이게 됩니다. 이런 상황에서 가까운 곳에 있는 가장 힘없고 약한 사람들에게 고통의 원인을 돌리고 자신의 분노와 불안을 표출하고 있다는 거죠.

분명 혐오는 사회 구조적인 측면에서 함께 논의하고 해결해야 할 문제입니다. 하지만 제도와 구조의 개선이 이루어지기까지 마냥 손 놓고 기다릴 수만은 없습니다. 이 순간에도 혐오는 또 다른 혐오를 낳고, 폭력을 야기하고, 평화롭고 행복한 삶을 좀먹고 있으니까요. 우리가 당장 할 수 있는 일들은 바로 시작해야 합니다. 혐오 표현을 예로 들어볼까요? 혐오 표현을 금지하는 법 제정을 고민할 수도 있지만, 이보다 먼저 일상에서 혐오 표현에 적극적으로 대항하는 행동을 시작해야 합니다. 혐오 표현을 들으면 어색한 웃음으로 얼버무리는 대신에, 자신의 기분이 나쁘다는 것을 상대에게 분명히 전달해야 하며, 자신이 직접적인 대상자가 아니라도 그런 표현이 몹시 마음을 불편하게 한다는 것을 확실히 알려야 합니다.

약자에 대한 혐오는 공동체를 약화시키며, 나 자신 또한 언제든 소수자가 되어 혐오의 대상으로 내몰릴 수 있다는 것을 우리 모두가 인지해야 합니다. 혐오 대상자의 아픔을 공감하고, 그 부당함에 대해서 함께 목소리를 낼 수 있는 우리가 되는 것. 이것이 혐오를 넘어서는 시작일 것입니다.

 서로 존중하며 더불어 사는 사회를 만드는 작은 시작

아무렇지 않게 내뱉는 말속에 상대방을 찌르는 단검이 숨어 있을 수 있습니다. 이성에 대한 혐오 표현은 상대를 비하하는 데 머물지 않습니다. 우리가 이러한 혐오에 둔감해진다면 어쩌면 내일은 그 혐오의 대상이 나 자신이 될지 모릅니다. 우리가 혐오 대상자의 아픔에 대해 자연스럽게 공감할 때, 우리의 아픔에 대해서도 누군가의 공감을 자연스럽게 기대할 수 있지 않을까요?

함께 공감하며 시작되는 변화

"들어는 봤니? 여성들의 연대"

여러분은 혹시 여성이 주인공인 영화나 드라마 중에 인상 깊게 본 것이 있나요? 수업시간에 학생들에게 여자들이 주인공으로 나온 영화를 말해 보라고 한 적이 있습니다. 우물쭈물하면서 선뜻 대답 하는 아이들이 없다가 한 학생이 '원더우먼'이라고 대답을 하자, 이어서 몇몇 학생들이 '툼 레이더', '써니', '마녀', '여고괴담' 등의 영화 제목을 댔죠. 그나마 초인적 영웅물이나 공포물이 대부분이었습니다. 반면, 남자들이 주인공으로 나온 영화를 말해 보라고 하자 헛웃음을 내면서 너무 많다며 줄줄이 제목을 대더군요.

여자들의 의리도 끈끈하답니다!

그러다 한 학생이 "선생님은 고등학교 때 본 영화 중 무슨 영화가 제일 기억에 남으세요?"라고 물었습니다. 나의 대답은 〈영웅본색〉

이었죠. 1980년대에 학창시절을 보낸 남자들 중 많은 이들이 나처럼 〈영웅본색〉이라는 느와르 영화에 열광하였을 것입니다. 여러분은 혹시 케이블 영화채널에서 본 적이 있을 수도 있지만, 너무 오래 전 영화라 낯설지도 모르겠군요. 홍콩 암흑가를 무대로 세 남자의 끈끈한 우정과 뜨거운 의리를 담은 영화죠. 긴 트렌치코트를 휘날리며 검은 선글라스에 성냥개비를 입에 문 주인공 주윤발을 따라하는 게 당시 남학생들 사이에서 유행했습니다.

사실 남자들 간의 의리를 다룬 영화는 어렵지 않게 만날 수 있습니다. 주로 동성인 두 사람이 패를 이루어 다니며 겪게 되는 일들을 담아낸 영화 장르를 지칭하는 버디 영화(Buddy Movie)의 주인공들도 주로 남성입니다. 〈내일을 향해 쏴라!〉, 〈리셀 웨폰〉, 우리 영화 〈투캅스〉 등이 그 예입니다. 그렇다면 의리는 남자들만의 덕목일까요? 여자들 사이에는 남자들의 '형제애'와 같은 '자매애'를 기대할 수 없는 걸까요?

여자들이 주인공으로 나온 영화의 하나로 학생들이 답했던 〈써니〉를 통해 이 문제를 잠깐 생각해 보겠습니다. 이 영화의 줄거리는 다음과 같습니다.

전라도 벌교에서 전학 온 나미는 새로운 학교에서 6명의 단짝 친구들을 만나 영원한 우정을 다짐한다. "써니"는 이들이 결성한 모임의 이름이다. 그런데 학교 축제 당일 뜻밖의 사고가 발생하면서 뿔뿔이 흩어지게 된다. 그로부터 25년의 세월이 지난 후, 평범한

ⓒ 영화 〈써니〉, 제작_(주)토
일렛픽쳐스, 알로하픽쳐스, 배
급_CJ E&M Pictures

가정주부로 살아가던 나미는 "써니"의 리더
였던 춘화를 만나게 된다. 시한부 선고를 받
은 춘화의 부탁으로 "써니"의 다른 친구들
을 찾아 나선 나미는 영화 제목(sunny)처럼
빛나던 학창시절 자신의 모습과 친구들과
의 우정을 떠올리게 된다. '춘화'의 장례식
장에서 다시 뭉치게 된 친구들은 다시 한 번
영원한 우정을 다짐하게 된다.

먼저 삶을 마감한 '춘화'는 남은 친구들에게 꼭 필요한 선물들을 하
나씩 남깁니다. 하지만 그보다 춘화가 '써니'의 멤버들에게 준 가장
큰 선물은 잊어버렸던 그녀들의 꿈과 우정이 아니었을까요? '써니'
의 감독은 왜 일곱 여자들의 이야기를 선택했느냐는 질문에, "영화
속 평범한 주부로 살아가는 나미처럼, 누군가의 아내, 누군가의 어
머니로서 충실한 삶을 살고 있는 여성에게도 찬란하고 눈부신 한때
가 있었다는 것을 보여주고 싶었다."고 말했죠.

〈써니〉는 여자들의 이야기입니다. 이 영화 속에서 남자는 오히
려 여자들의 지난 추억 또는 여자들의 자아를 옭아매는 현실적 장
애물에 머물러 있죠. 영화 속에서 '써니'의 멤버들에게 지난 추억을
되찾게 하고, 자신의 삶을 살아가도록 이끌어 주는 이는 오직 여자
(춘화와 나미)뿐입니다. 이처럼 '써니'는 드물게 여자들의 관계를 다
루며 그들 사이의 우정과 의리, '자매애'를 다룬 영화입니다.

여자와 여자 사이를 왜곡하는 데 일조하는 미디어들

남녀 간의 사랑을 주제로 한 영화를 제외한 대부분의 영화 속에서 등장인물들 간의 관계는 남자를 중심으로 설정되는 경우가 많죠. 이와 같은 영화에서 여자들은 영화의 중심을 이루는 남자의 연인, 가족, 동료들로 등장합니다. 게다가 여자와 여자와의 사이는 주로 남자를 사이에 두고 서로 시기하고 질투하는 관계로 설정되는 경우가 흔하죠. 이러한 영화들 속에 등장하는 여자들은 독립적이지 못하고, 서로를 신뢰하지 못하는 존재로 그려집니다.

사실 '자매애'라는 단어는 '형제애'만큼 우리에게 익숙하지는 않습니다. 어학사전에서 '형제애'의 뜻을 찾아보면, 기본 의미인 '형제 간의 사랑'이라는 의미 이외에도, '한 나라나 한 겨레에 속한 사람들이 서로를 형제처럼 느껴서 가지게 되는 사랑'이라는 의미도 있습니다. 하지만 '자매애'는 '자매간의 사랑'으로만 정의 내려져 있죠. 우리는 '자매애'라는 말을 잘 사용하지도 않을 뿐더러, '형제애'처럼 '서로를 자매처럼 느껴서 가지게 되는 사랑'이라는 의미로는 사용하지 않습니다.

왜 그럴까요? 여자들 사이에는 남자들과 같은 우정, 깊은 유대감이 형성되기 힘들까요? 아닙니다. 우정은 성별을 가리지 않습니다. 다만 그동안 남성 중심의 문화, 가부장적인 제도와 규범이 지배하는 사회에서 자매애를 의도적으로 감춤으로써. 자매애를 바탕으로 여자들이 연대하는 것을 사전에 차단하려 했기 때문이죠.

우리 속담에 "여자 셋이 모이면 접시가 깨진다."라는 속담이 있습니다. '여자들은 시기와 질투가 심해서 뭉치기 어렵다'는 뜻이죠. 여자들의 모임을 무조건 부정적으로 보는 생각을 확인할 수 있는 속담입니다.

> "무관심이 약이라고 생각합니다."
>
> "시위현장에서 외치는 구호는 객관적 근거도 없고 비논리적인…완전 억지던데."
>
> "아이돌 걸그룹은 누굴 지지할까?ㅋㅋㅋ"

이는 남성 중심의 사회 구조에 맞선 여자들의 집회와 시위를 다룬 인터넷 기사에 달린 댓글 중 일부입니다. 물론 여성들의 신념을 지지하는 댓글이 더 많았지만, 위 댓글처럼 여성들의 집회를 무조건 얕잡아 보면서 비아냥거리거나 비논리적인 남성혐오인 양 폄하하는 댓글들도 적지 않았죠. 이러한 사례에서도 여성들의 연대에 대한 대중의 부정적인 생각들을 확인할 수 있습니다.

나의 아픔이 우리의 아픔이 되는 연대의 힘

연대가 가지는 중요한 힘 중 하나는 사적인 의견으로 치부될 수 있는 외침을 공적인 것으로 만든다는 거죠. 성 불평등 문제에 대한 공적인 해결을 위해서 사회 구성원들의 연대가 필요한 이유입니다. 그리고 그 연대의 중심에는 차별의 피해 당사자들인 여성이 있어야 하죠. 오랫동안 여성들의 자매애, 연대를 애써 무시하고 폄하하려고 했던 우리 사회의 편견과 차별적 사회화의 장치들을 바로잡아야 할 때입니다.

우리 사회가 이러한 변화를 위해 움직이기 시작했다는 것은 참으로 반가운 일입니다. 여성들이 연대하여 그들의 의견을 공론의 장에 내놓고 있습니다. 자매애의 형성, 여자들의 우정과 연대에 대해서도 많은 공감대가 형성되고 있죠. 영화 〈써니〉가 관람객 700만 명 이상을 동원하며 흥행에 성공했다는 것도 이런 면에서 우리에게 희망의 메시지를 주고 있는 것은 아닐까요?

 ### 서로 존중하며 더불어 사는 사회를 만드는 작은 시작

남자들의 우정은 끈끈하고 여자들의 우정은 그렇지 못하다는 인식 또한 사회가 우리 모두에게 알게 모르게 세뇌시켜 온 그릇된 이미지 중의 하나일 것입니다. 최근 여성들의 연대는 나 홀로 아픔을 참고 삭혀 온 여성들이 서로의 아픔을 공감하고 나의 아픔을 넘어 우리 모두의 아픔으로 인식하고 제 목소리를 내려는 시도라는 점에서 높이 평가할 만합니다. 우리 청소년에게 가장 필요한 건 남자든 여자든 상대의 아픔에 귀 기울일 수 있는 열린 마음자세가 아닐까요?

온 마을이 함께하는 육아

"아이는 여자 혼자 키우나요?"

결혼과 출산은 당연한 걸까요? 과거에는 나이가 차면 당연히 제짝을 찾아 결혼하고, 아이를 낳고, 그 아이의 부모로서 최선을 다해서 살아가는 것이 마치 인생의 정해진 수순처럼 여겨졌습니다. 그런데 이제 세상은 크게 달라졌습니다.

결혼과 출산을 기피하는 여성들

여성가족부와 통계청이 발표한 '2017 통계로 보는 여성의 삶'에 따르면 미혼여성 중 결혼을 원하는 비율은 31.0%라고 합니다. 즉 10명 중 7명이 결혼을 하지 않겠다거나 하지 않아도 된다고 생각하고 있다는 뜻이죠. 결혼을 원하는 여성 비율도 2010년 46.8%, 2012년 43.3%, 2014년 38.7%로 감소하는 추세입니다.

누구나 성인이 되면 결혼, 임신, 출산을 거치는 것이 보편적이라고 생각했던 삶의 전형적인 모습이 달라지고 있는 것입니다. 결혼 연령은 점차 늦어지고 있으며, 아예 비혼을 선언하는 사람도 크게 늘어나고 있습니다. 결혼해서도 아이를 많이 낳아서 키우는 것보다 한두 명의 아이만 출산하거나, 젊은 커플들 중에는 아예 출산 자체를 하지 않기로 합의하는 경우도 있습니다.

우리나라는 전 세계에서 출생률이 가장 급격히 감소하고 있는 나라 중 하나입니다. 언론이나 정부에서는 저출산이 가져올 문제점들을 나열하면서 미래 국가 경쟁력이 크게 뒤떨어질 것이라고 예측하고 있죠. 각 지방자치단체부터 중앙정부에 이르기까지 여러 가지 출산장려정책을 제시하고는 있지만, 한번 내려간 출생률은 좀처럼 다시 오를 것 같지 않습니다.

저출산 문제는 또 다른 사회문제를 일으키는 중요한 원인이 되기도 하지만, 동시에 다른 사회문제의 영향을 받아 나타나는 문제입니다. 과거에는 사랑하는 사람과 결혼하여 가정을 이루고 아이를 낳아 키우며 알콩달콩하며 살아가는 모습이야말로 많은 사람들이 바라는 행복한 삶의 전형처럼 여겨졌죠. 그런데 젊은 세대는 결혼과 출산을 주저하고 있습니다. 그 이유는 여러 가지가 있겠지만, 중요한 원인 중 하나는 아이를 키우기가 너무 힘든 상황이 되었기 때문입니다. 지금의 사회는 개인, 기업, 국가 모두 안팎으로 치열한 경쟁에 노출되어 있습니다. 경쟁과 그로 인한 긴장이 지속되는 사회에서 연애와 결혼, 출산과 육아를 위한 심리적 경제적 여유 따윈 없다고 생각하는 젊은 세대들이 증가하고 있는 거죠.

'독박 육아'에 지쳐 가는 여성들

실제로 아이를 낳아서 키우는 가정에서는 수많은 어려움들을 호소하고 있습니다. 근본적인 문제해결을 위해서는 어느 누구 한 사람이 아닌 공동체가 함께 머리를 맞대어야 합니다. 혹시 "한 아이를 키우는 데 온 마을이 필요하다."라는 아프리카 속담을 들어보았나요? 아기가 태어나서 성장하고 한 사회의 구성원이 되기 위해서는 엄마, 아빠, 다른 가족들의 따뜻한 사랑과 관심은 물론 가족을 둘러싼 공동체 사회 또한 아이가 크는 데 필요한 여러 자양분을 제공해야 한다는 뜻이죠.

하지만 우리의 현실은 어떤가요? 육아 관련 인터넷 커뮤니티에서 관련 검색어로 가장 많이 등장하는 단어 중 하나는 다름 아닌 '독박 육아'입니다. 배우자나 다른 사람의 도움 없이 혼자서 어린아이를 기르는 일을 표현하는 말이죠. 우리 현실은 공동체의 도움은커녕 많은 경우 엄마 혼자서 고군분투하며 아이를 돌봐야 한다는 것을 상징적으로 보여주는 말이기도 합니다.

우리나라의 경우 초등학생 미만 자녀가 있는 가정에서 평일 엄마의 양육시간은 229분인 반면, 아빠는 6분에 불과하다고 합니다.[37] 또한 엄마의 양육 부담은 72%이지만, 아빠의 양육 부담은 겨우 21.9%입니다.[38] 이런 통계 수치들만 봐도 우리나라에서 육아가 누

....
37. 보건복지부, 〈2017 저출산·고령화 국민인식조사 결과〉
38. KB금융경영연구소, 〈2018 한국워킹맘보고서〉

구의 몫인지 잘 알 수 있습니다.

아무리 일이 많은 고된 직장이라고 해도 퇴근이 없는 직장은 없습니다. 또한 법으로도 노동시간을 준수하도록 하고 있고, 점차 노동시간이 단축되어 가는 추세입니다. 그런데 아기를 낳아서 키우는 것은 퇴근 없는 직장생활에 비유할 만합니다. 전업주부인 엄마는 아기가 일어나는 시간부터 자는 시간까지 하루 종일 아이와 씨름해야 하니까요.

아직 말을 못하는 아기의 경우 눈맞춤과 웃음, 울음 정도로 자신의 의사를 표현하기 때문에 엄마는 아기가 무엇이 필요한지, 불만인지 늘 세심히 살필 수밖에 없습니다. 또한 아직 걷지 못하는 아기는 많은 시간을 안고 있어야 합니다. 수유를 해야 하는 경우에는 밤에도 일어나서 아기를 돌봐야 하죠. 아기가 자고 있는 동안에라도 쉬고 싶지만, 아기 용품을 정리하고 아기 옷을 세탁하기에 바쁩니다. 분유를 먹는다면 젖병 소독도 해야 하고요.

하루 종일 아기와 씨름하다 보면 엄마는 식사도 제때 못하는 경우가 다반사입니다. 아기가 좀 더 커서 기어다니거나 걷기 시작하면 이제 엄마는 아기를 쫓아다니면서 돌봐야 하죠. 엄마가 화장실을 가거나 샤워를 할 때도 아기를 화장실 문 앞에 두고 어르면서 해야 하는 경우도 많습니다.

육아도 버거운데 가사 노동의 압박도 만만치 않습니다. 육아와 가사는 별개의 영역입니다. 가사는 청소, 빨래, 집안 정리, 장보기, 식사 준비와 설거지 등을 포함하는 활동이죠. 가사는 기본적인 욕구 충족과 직접적으로 관련된 일입니다. 또 가족 구성원들이 가정에서 편히 휴식을 취하고 재충전을 하여 다시 학교나 일터로 향할 수 있도록 뒷받침해 주는 일이기도 합니다. 그만큼 중요하고, 결코 쉽지 않은 일이죠.

만약 어려서부터 자기 방 정리, 설거지, 쓰레기 분리수거 등 집안일을 가족 구성원들이 나누어 맡아 왔다면 가정을 이룬 후 담당해야 할 가사 노동에 제법 익숙할 것입니다. 그러나 한국 사회에서 학업과 취업 준비를 위해 많은 시간을 보냈던 젊은 엄마 아빠에게 가

아빠들도 힘든 건 마찬가지

집에서 육아를 담당하는 엄마는 하루 종일 아빠가 퇴근하기만 기다립니다. 작은 도움의 손길을 기대하며 말이죠. 하지만 한국 사회의 아빠들 역시 만만치 않게 힘듭니다.

우선 출퇴근 시간이 오래 걸리죠. 월급에 비해 집값이 너무 비싸, 부모님의 도움을 받지 않는 한 대부분의 평범한 젊은 부부는 도심에 있는 직장 부근에 마땅한 집을 구하기 어렵기 때문입니다. 게다가 우리나라 직장의 노동 강도 또한 높은 편입니다. 2018년부터 노동시간을 주당 52시간 이하로 제한하고 있지만, 여전히 선진국에 비해 노동시간이 긴 편이죠. 여기에 출퇴근 시간까지 포함하면 집에 일찍 돌아오는 게 쉽지 않습니다.

최근까지 직원들에게 아침, 점심, 저녁 식사까지 제공하는 직장도 많았습니다. 그만큼 한국 사회의 아빠들은 직장에서 많은 시간을 보내 왔고, 집에 일찍 퇴근하여 가족과 함께 밥을 먹고 저녁 시간을 보내는 것은 평범한 일상이 아니었죠. 이런 상황은 아빠들이 오랜 동안 육아와 가사 노동을 외면하도록 만들었습니다.

사 노동은 더 낯설고 어려울 수밖에 없습니다. 더욱이 육아와 함께 병행해야 한다면 더 힘이 들 수밖에요. 그럼에도 대부분의 전업주부들은 그 어렵고 힘든 일들을 해내고 있습니다.

'워킹맘'도 예외는 아닙니다. 새벽같이 일어나서 아이를 돌봐줄 누군가에게 맡긴 후 허겁지겁 출근하고, 고된 직장 일을 마치고 나서 총총거리며 퇴근하는 길에 아이를 찾아와야 하죠. 그런 다음 늦은 저녁까지 밀린 가사일과 육아가 이어집니다. 만약 육아에 집중하기 위해서 잠시 일을 그만둔다면 소위 '경력 단절녀'가 될 가능성이 큽니다. 왜냐하면 어느 정도 아이가 성장하여 다시 일터로 돌아가고 싶어도 본인이 했던 것과 비슷한 일이나 직책을 다시 맡기란 현실적으로 어렵기 때문이죠.

아이가 자라는 데 모두가 힘을 보태는 행복한 사회

출생률 저하는 앞에서 살펴본 우리나라의 여러 가지 상황이 복합적으로 작용하여 생겨난 현상입니다. 단지 젊은 세대들의 삶이 방식이 변해서 나타난 현상도 아니고, 출산 장려금 같은 경제적 지원만으로 해결할 수 있는 단순한 문제가 아니죠.

우선 젊은 세대들이 우리 사회는 누구나 인간으로서 존중받고 있다고 느낄 수 있어야 합니다. 옛날 중국 전국시대의 이야기입니다. 양나라 군주는 인구가 늘지 않는 것을 걱정했죠. 백성을 위한 각종 위민 정책을 펼쳤지만, 도무지 인구는 늘지 않았습니다. 이를 보고 맹자는 군주가 백성을 도구로 취급하기 때문이라고 지적했습니다. 군주가 '백성을 위한다'며 내놓는 정책이라는 게 백성 자체를 위하는 데 있기보다는 실상은 전쟁에 동원할 인력을 확보하려는 의도임을 알았기 때문입니다. 이처럼 사람을 사람으로 대접하지 않고, 노동력·국방력 등 국가 경쟁력의 한 요소로만 취급한다면 출생률은 높아지지 않을 것입니다.

현재 우리 사회는 어렵게 결정하여 낳은 아이들을 무한 경쟁으로 내몰고 있습니다. 많은 부모들은 자신들이 경험해 온 혹독한 경쟁 속에 머지않아 자신의 자녀들도 놓일 것으로 예상합니다. 그래서 일찍부터 자녀들을 다그치는 것입니다. 치열한 생존경쟁에 대비해야 한다고 말이죠. 이렇게 성장한 아이들은 어른이 되었을 때 아이를 낳기를 주저하게 됩니다. 어린 시절의 삶이 그리 행복하지 않다는 것을 경험했기 때문이죠.

국가 경쟁력 약화를 우려하며 출생률을 높이기 위한 방안을 고민하기에 앞서, 아이들의 건강하고 행복한 삶을 지원하기 위해서 함께 노력해야 하는 이유입니다. 온 마을이 함께 힘을 모아 아이를 키워야 한다는 뜻이죠. 이렇게 된다면 출생률은 자연스럽게 올라갈 수도 있습니다.

사회는 자녀의 돌봄을 개인, 특히 여성 한 사람의 몫으로 돌리지 말고 아이가 건강하고 행복하게 자라나도록 마음과 힘을 모을 방법을 적극적으로 강구해야 합니다. 그것은 비단 출산 장려 정책으로

만 모든 것을 해결하려는 것이 아니라, 아이를 함께 키우려는 의지와 그들의 삶에 주목하는 따뜻한 마음을 갖는 것이고, 가정 친화적인 사회 문화를 만들어 가는 것입니다. 아이에게 따뜻한 나라는 그 미래도 분명 따뜻할 것입니다.

서로 존중하며 더불어 사는 사회를 만드는 작은 시작

삼포세대란 팍팍한 현실에 연애와 결혼, 출산을 포기한 젊은이들을 가리키는 말입니다. 특히 결혼과 출산으로 자신의 경력을 포기하는 대신에 혼자만의 삶을 살겠다고 결심하는 여성들이 늘고 있습니다. 이대로라면 여러분이 어른이 될 때쯤엔 결혼을 포기하는 비율이 더 늘어날지도 모르죠. 육아는 여성의 전유물이 아닙니다. 사회 구성원 전체가 이러한 인식을 공유하고, 여성이든 남성이든 사회적으로 임신과 출산, 육아로 인한 불이익을 받지 않도록 제도적 장치가 마련되어야 할 것입니다. 무엇보다 가장 선행되어야 할 것은 우리 모두의 인식 변화 아닐까요?

자립의 기로에 선 소녀들
"자꾸 연약함을 강요하지 말아 주세요!"

'소녀'란 어린 여자아이를 부르는 명칭입니다. 소녀라는 명칭은 대체로 연약함, 순수함, 청순함 등의 이미지를 떠올리게 하죠. 그리고 누군가의 보호를 받아야 하는 대상으로 생각합니다. 마치 혼자서는 아무것도 제대로 해낼 수 없는 무력한 존재처럼 말이죠.

솔직한 생각과 감정 표현을 억압받는 소녀들

왜 우리는 어린 여성인 소녀에게서 이런 모습을 주로 연상하게 될까요? 어려서는 활달하고 자신의 감정을 거리낌 없이 표현하던 소녀들이 사회생활을 경험할수록 자기 의견을 내놓기 꺼리며 타인의 시선을 의식하는 성향으로 바뀌는 것을 종종 보게 됩니다. 즉 관행적으로 규정된 소녀라는 지위에 따른 역할 행동을 내면화하고, 자신의 인권을 침해하는 타인의 언행, 예컨대 자신을 무시하고 상처를 주는 근거 없는 비난, 그로 인한 집단 따돌림, 성희롱 등에 당당히 맞서는 대신에 그냥 외면합니다. 때론 과도한 배려심을 발휘해 오히려 상대방을 이해하려고 애쓰는 소녀들도 적지 않습니다. 그러다 단짝 친구처럼 친밀한 관계로부터 상처를 받기도 하죠.

소녀들은 공동체 안에서 자신의 생각이나 감정을 있는 그대로 표현하지 못하는 경우가 많습니다. 그러다 보니 공동체 생활에서 받은 스트레스를 종종 집안에서 가족들을 상대로 배출하는 경향이 있죠. 특히 자신을 한없이 사랑해 주고 품어 줄 것 같은 부모님, 특히 엄마에게 봇물 터지듯 스트레스를 풀다가 이것이 오해를 사서 갈등을 겪기도 합니다.

어떤 부모들은 딸들의 이러한 행동에 마치 자신이 딸의 감정 쓰레기통이 된 것 같다며 종종 호소합니다. 그럼에도 여전히 부모에게 딸은 세심하게 돌보며 주변의 위험으로부터 보호해 주어야 할 것 같은 존재죠. 예컨대 아들에 비해 학교를 가거나 외출하는 딸을 보고 조심하라는 잔소리를 더 많이 하게 된다거나, 밤이 늦었는데도 귀가하지 않으면 걱정이 되어서 계속 전화를 하거나 집 앞 또는 가까운 정류장까지 나와서 기다리는 경우도 많습니다.

하지만 소녀는 일방적으로 돌봄을 받아야 하는 보호의 대상도 아니고, 부모 뜻대로 휘둘려야 하는 지배의 대상도 아닙니다. 소녀는 자립하여 주체적인 삶을 살아가는 법을 배우며 성장해야 합니다. 물론 장차 자립하기 위해서는 가족들의 관심과 사랑이 필요하지만, 지나친 관심은 자립을 방해하는 간섭이 될 수도 있습니다.

소녀의 자립을 지지하지 않는 사회

자립이란 스스로 생각하고 판단하며 생활하는 것입니다. 진정한 자립을 위해서는 우선 자신의 주변을 정리하고 혼자서 일상을 꾸려가는 연습이 필요하죠. 나아가 성인이 되어서 경제적으로 독립할 수 있도록 필요한 능력과 기술을 익히는 노력도 해야 합니다. 또한 마음의 평안을 얻을 수 있도록 스스로 감정을 조절할 수 있어야 합니다. 이러한 과정을 거치면서 다른 사람과 주체적으로 관계를 맺으며 더불어 살아갈 수 있게 되는 거죠.

그런데 과거 우리 사회는 소녀의 자립을 지지하지 않았습니다. 여러분 혹시 삼종지도(三從之道)라는 말을 들어보았나요? 여자가 따라야 할 세 가지 도리라는 뜻입니다. "여자는 어려서는 부모를 따르고, 결혼 후에는 남편에 순종하며, 남편이 죽은 후에는 자식을 따라야 한다."는 거죠. 과거 우리 사회가 얼마나 가부장적이었는지 잘 알 수 있습니다.

이렇듯 과거에는 여성을 가족, 공동체의 주체적 일원이 아닌, 남성에게 예속된 존재로 보았습니다. 따라서 여성들이 주체적 의지와 판단력을 가지는 데 부정적이었죠. 하지만 자신의 의지가 아닌, 일생을 타인의 의지에 따르는 것을 자신의 삶이라고 할 수 있을까요? 어쩌면 자신의 존재를 다른 사람의 짐처럼 생각하게 되어 자존감을 잃고 불행하다고 느낄 수 있습니다. 자립의 과정은 힘들어도 행복한 삶을 위해서는 반드시 거쳐야 합니다. 소녀의 자립을 지지한다는 것은 그녀들의 행복한 삶을 가로막고 있는 가부장적 사회 구조와 문화에 맞설 수 있도록 용기를 주는 것입니다.

가족, 학교, 지역사회가 함께 소녀들의 자립을 지지할 때

자립은 비단 소녀에게만 중요한 것이 아닙니다. 아이를 낳아 기르는 일에 전념했던 엄마들 중에는 자녀를 독립된 주체가 아닌 자신의 또 다른 자아, 즉 분신처럼 여기는 경우가 종종 있습니다. 이 경우 자녀에게 자신이 계획한 삶을 살도록 강요하죠. 세상에는 이에 순응하는 자녀도 있고, 못견뎌하며 반항하는 자녀도 있습니다. 만약 자녀가 성장해서 품을 떠나면 허탈함을 이기지 못해 심리적 어려움을 호소하는 엄마들도 많습니다. 자녀가 반항하여 관계가 어긋났을 때도 마찬가지입니다. 그래서 자립은 소녀에게만 중요한 것이 아니라 엄마에게도 중요합니다. 엄마도 자신만의 독자적인 생활 영역을 소중히 여기며 가꿔 나가야 한다는 뜻이죠. 서로가 자립해서 주체적인 존재로 우뚝 서서 각자의 삶을 지지해 줄 때, 엄마와 자녀 모두 행복해질 것입니다.

　가족만 지지한다고 소녀가 자립할 수 있는 건 아니죠. 소녀가 소속된 다양한 공동체, 예컨대 학교와 지역사회에서도 소녀들이 자신의 목소리를 내고, 타인을 존중하며 함께 살아갈 수 있도록 도와야 합니다. UN에서는 세계 소녀들이 겪고 있는 차별과 위험을 알리고, 교육 받을 권리 보장 등 삶의 주체로 성장하도록 지원하기 위해 10월 11일을 '세계 소녀의 날'로 지정하였습니다. 학교와 지역사회도 이처럼 구체적인 활동을 전개해야 하지 않을까요? 무엇보다 소녀 스스로도 이 모든 활동에 주체적으로 참여하며 서로의 자립을 응원해야 합니다. 자립하는 소녀가 되기 위해 다음과 같은 작은 실천부터 시작해 보면 어떨까요?

- 집안일은 나누어 맡기
- 가족을 위해 식사를 준비하기
- 학급 회의에 의견 내기
- 자신에게 맞는 진로 탐색하기
- 자기 방은 스스로 치우기
- 학교 행사에 자발적으로 참여하기
- 계절이 바뀌면 옷을 바꾸어서 옷장을 정리하기
- 마을과 연대해서 안전한 통학거리 만들기
- 용돈을 관리하며 자신의 필요에 따라 규모 있게 소비하기 등등

 서로 존중하며 더불어 사는 사회를 만드는 작은 시작

우리가 가진 소녀에 대한 연약한 이미지는 여성들로 하여금 어린 시절부터 자신의 의견이나 감정을 솔직하게 표현하지 못하도록 덧씌운 또 다른 굴레인지도 모릅니다. 어릴 때부터 당당하게 자신의 생각을 표현할 수 있도록 노력해야 합니다. 그리고 자꾸 누군가에게 의지하기보다는 자립하려는 노력이 필요하죠. 사실 자립은 남녀 모두에게 중요한 과정입니다. 오늘 당장 부모님 그늘에서 벗어나라는 뜻이 아니라 할 수 있는 작은 일부터 스스로 시작해 보면 어떨까요?

인권의식과 성 인권

"무엇이 차별인지 아직 잘 모르겠어요."

고등학교 1학년 통합사회 수업시간에 있었던 일입니다. 사회적 소수자에 대한 차별을 주제로 학생들과 이야기를 나누고 있었죠. 그때한 남학생이 이렇게 질문하였습니다.

"선생님! 왜 여자가 사회적 소수자예요? 세상의 반이 여자잖아요!"
"사회적 소수자란 단순히 그 수의 많고 적음의 문제가 아니라, 성별, 신체적 특징, 종교, 인종, 국적, 문화적 기반 등의 차이로 인하여 사회생활에서 부당한 차별을 받고 있는 사람들을 말하는 것이에요."
"여자들이 부당한 차별을 받는다고요? 대체 무슨 차별이요?"

이해할 수 없다는 듯 못마땅한 기색이 역력한 공격적인 질문이었죠. 나는 바로 대답하는 대신에, '혹시 그 질문에 대답할 여학생이 있지 않을까?' 하는 기대를 가지고 잠시 여학생들의 표정을 살펴보았습니다. 하지만 기대와는 달리 여학생들 사이에서는 별다른 동요가 없더군요. 여학생들도 특별히 자신들이 더 부당한 차별을 받고 있다고 생각하는 것 같지는 않았습니다. 학생들에게 육아와 가사 노동, 취업 및 승진, 임금 등과 관련해서 여자들이 받는 차별을 관련 통계 자료와 함께 제시하며 설명해 주었죠.

아직 남녀차별을 깊이 공감하지 못하는 학생들에게

수업 후 '여자들이 차별받고 있다는 주장에 동의할 수 없다'는 남학생의 항의성 질문과 이에 동조하는 것처럼 보였던 다른 학생들의 반응에 대하여 곰곰이 생각해 보았습니다. 아직 성인에 비해 학교 밖 사회 경험이 많지 않은 학생들의 입장에서 생각해 보니 구체적이고 직접적인 남녀차별 경험을 거의 하지 못했기에 그러한 질문과 반응을 보일 수도 있겠다는 생각이 들더군요.

사실 학생들은 아직 육아와 가사 노동, 취업 및 승진, 임금 등과 관련하여 여성들이 받는 차별은 경험하지 못했죠. 학생들이 주로 생활하는 공간은 가정과 학교입니다. 가족 내에서 아이들이 경험할 수 있는 차별이란 주로 아들과 딸에 대한 부모의 기대, 태도와 관련된 것들이죠. 그러나 과거와 달리 이 부분에 대하여 아이들이 심각하게 받아들일 만큼 가족 내 차별은 찾아보기 어려워졌습니다. 우선 남아선호 사상이 많이 약화되었고, 최근에는 오히려 딸을 더 원하는 부모들도 많아졌으니까요.

또한 통계청에 따르면 여자 한 명이 가임기간 동안 낳을 것으로 기대되는 자녀수를 나타내는 합계출산율은 2017년 1.05명으로 나타났습니다.[39] 2019년을 기준으로 중고등학교에 다니는 학생들이 태어난 2000년대 초반의 합계출산율은 1.3명이었죠. 이를 통해 자녀가 한 명 또는 두 명인 소자녀 가족이 대부분임을 알 수 있습니다. 그리고 여아 100명당 남아 수를 나타내는 출생아의 남녀 성비를 보면 2010년대에 들어서서 꾸준히 105 정도를 나타내고 있습니다.[40] 자녀가 하나인 경우 딸만 있는 경우도 많다는 것을 보여줍니다. 이런 상황에서 아들 못지않게 귀한 대접을 받는 딸들이 가정에서 차별을 경험했을 가능성은 낮습니다.

학교생활에서도 표면적으로는 남학생과 여학생에 대한 차별은 찾기 어렵습니다. 학급 회장, 전교 회장 등을 선출할 때 여학생들에 대한 차별은 없고, 각종 대회의 수상자를 결정할 때도 마찬가지이니까요. 교칙의 내용과 적용에 있어서도 여학생에게 더 불리하거나 엄격한 조항은 없습니다. 특히 학생인권조례가 제정되고 두발, 교복 착용, 화장 등에 대한 규제가 완화되면서 대상이 남학생이든 여학생이든 인권을 침해할 만한 요소가 있는 교칙 자체를 만들거나 적용하기가 어려워졌습니다. 오히려 일부 남학생들이 '여학생들에게는 교

---

39. 통계청이 발표한 인구동향조사에 따르면 2018년에는 이보다 더 떨어져 0.98명으로 감소했다고 한다. 1명 이하로 떨어지게 된 것이다.
40. 통계청, 〈국내통계자료, 인구동향조사〉

복으로 치마와 바지가 모두 허용되는데, 왜 남자는 바지만 허용되느냐?', '왜 여학생들은 생리 결석을 인정하느냐? 이를 악용하는 여학생들이 있다.' 등의 이유를 대며 역차별을 주장하기도 하죠.

이와 같이 가정과 학교에서 아직 뚜렷한 차별을 경험하지 못한 학생들에게는 여성이 사회적 소수자 내지는 약자라는 이야기가 비현실적으로 들리고, 때로는 반감만 불러올 수 있는 것입니다. 이러한 학생들에게 어떻게 해야 성차별에 대하여 올바르게 인식하도록 도울 수 있을까요? 성교육의 고민은 바로 여기서부터 시작해야 한다고 생각합니다.

올바른 성평등 가치관을 정립하기 위하여

청소년기에 성평등 가치관을 정립하는 것이 중요하다는 점은 이미 잘 알려져 있습니다. 이 시기에는 가정과 학교에서 적절한 성교육이 이루어져야 하는데, 성교육에는 성평등에 대한 요소가 중요하게 고려되어야 합니다. 이를 위해서는 새로운 패러다임의 성교육이 요구됩니다. 한 인터넷 매체의 '초등학생 심리 백과'에서 다음과 같은 말을 읽었습니다.

> "초등학교 2학년 정도가 되면 남자와 여자의 차이를 이해할 수 있
> 게 됩니다. 그전까지 막연하게 전달하던 성 지식을 제대로 알려주

고 몸의 귀중함을 일깨워 주는 것이 성교육의 핵심입니다. 생명의 소중함과 몸의 중요성을 알려준 후에는 자연스럽게 이성관계로까지 이야기를 이어 가세요. 아이가 왜곡된 성 문화에 흔들리지 않게 바른 성 가치관을 심어 주는 것이 부모의 몫입니다."**41**

그동안 성교육이 어떻게 이루어졌는지를 짐작할 수 있는 내용입니다. 예컨대 남녀의 신체적 특징, 생식기관의 기능, 신체적 접촉을 중심으로 남녀 간의 관계에서의 주의 사항, 성폭력 예방 및 대처 방법 등에 대한 내용에 집중되어 왔던 거죠. 최근에는 성 문화가 개방적으로 변화된 현실을 반영하여 피임에 대한 교육도 추가되고 있습니다. 물론 이러한 내용들은 성교육에서 중요하게 다루어져야 하는 것들입니다. 하지만 이러한 성교육 주제 또는 내용을 체계적으로 구조화시킬 수 있는 핵심 요소가 필요합니다. 그렇지 않으면 성교육은 지금까지 그래왔던 것처럼 단편적인 성 지식 전달이나 성 관련된 교화적 도덕 교육에 머물 가능성이 크니까요.

성교육의 핵심은 성 인권

현재 학교에서 흔히 이루어지고 있는 성교육의 대부분은 청소년들

41. 인터넷 포털 다음, 초등학교 심리 백과 (http://100.daum.net)

이 사회에서 맞닥뜨리게 되는 현실과 다소 동떨어져 있습니다. 뭔가 중요한 알맹이가 빠진데다가, 때로는 상대에 대한 불필요한 편견을 심어 주기도 하죠.

성교육의 핵심 요소는 성 인권이어야 합니다. '왜 남녀의 신체적 차이를 이해하여야 하는지? 10대의 사랑은 어떻게 접근하여야 하는지? 성폭력은 궁극적으로 무엇을 침해하는 행위인지? 피임을 둘러싼 쟁점은 무엇인지? 성역할을 어떻게 바라보아야 할 것인지?' 등과 같은 핵심 질문들이야말로 성교육에서 다루어져야 할 것들이죠. 그리고 그 과정에서 학생들이 아직 제대로 경험하지 못한 성차별에 대해 구체적인 사례를 통해 들여다보고 공감할 수 있는 기회가 제공되어야 합니다. 이러한 성교육을 통해 학생들의 성 인권의식이 향상되고, 이들이 사회 주역으로 성장할 때 우리 사회의 성평등 수준이 높아질 수 있을 것입니다.

다음 수업 장면을 통해 성교육과 관련하여 한 가지 더 제안하고 싶은 것이 있습니다.

교사는 학생들에게 사춘기에 나타나는 신체적 변화, 성적 변화에 대하여 물어보고, 학생들의 대답을 보충하여 설명하셨다. 그러고는 학생들에 편지를 쓰게 하였다. 부모 또는 다른 보호자에게 지금 자신의 신체에 일어나고 있는 변화를 알리는 내용이다. 사춘기 학생들에게는 많은 신체적 변화가 나타난다. 그중에는 부모님 또는 보호자가 반드시 알아야 할 내용이 있을 것이다. 어쩌면 학생들이 말로는 하지 못할 고민도 있을 것이다. 아마도 다음 시간에는 학생 자신이 곤란을 겪고 있는 성과 관련된 문제에 대한 내용을 편지로 쓰게 할 수도 있다. 거기에는 성차별과 관련된 내용도 포함될 수 있다. 교사는 학생들에게 20분 정도 편지를 쓸 시간을 준 후, 편지 봉투를 봉하고 제출하게 했다.

위에서 스케치한 성교육 장면의 중요한 특징은 무엇일까요? 바로 학교와 가정이 소통하며 함께 성교육을 하고 있다는 거죠. 그렇습니다. 성교육은 학교뿐만이 아니라 가정에서도 함께 이루어져야 합니다. 더 나아가 대중매체, 관련 사회단체 등 사회 여러 부분에서도 함께 이루어져야 하죠. 이때 성교육을 실시하는 주체는 다양하더라도 기본 방향은 같은 곳을 향하고 있어야 합니다. '인권 중심의 성교육'이야말로 함께 고민하고 실천해야 할 과제입니다.

 서로 존중하며 더불어 사는 사회를 만드는 작은 시작

인권이란 인간으로서 누려야 할 당연한 권리를 뜻합니다. 남녀를 불문하고 우리는 모두 인권을 존중받아야 마땅하죠. 성교육도 바로 여기에서 출발해야 하지 않을까요? 서로 소통하는 가운데 서로의 차이를 인정하고, 존중하는 마음. 그것이 밑바탕이 될 때 비로소 올바른 성 가치관을 세울 수 있을 것입니다.

세상을 바꾸는 신화 전달자

"다음 세대에게 들려주어야 할 이야기는…"

여러분은 아마 어린 시절부터 책이나 애니메이션 등을 통해서 그리스 로마 신화를 비롯해 다양한 신화들을 접해 보았을 것입니다. 그런데 신화 속 흥미진진한 이야기에 감춰진 은밀한 메시지들에 대해서는 크게 주의를 기울이지 않았을지도 모르겠네요. 하지만 신화에 담긴 메시지는 분명 여러분의 사고방식이나 가치관에 알게 모르게 큰 영향을 미쳐 왔습니다.

신화가 사람들에게 각인시키는 세상의 법칙들

우주, 세상, 민족 내지는 국가의 기원 또는 초자연적인 존재, 즉 신에 대한 서사적 이야기를 신화라고 합니다. 신화는 어떤 관행, 제도 등이 왜 생겨났으며, 그것을 따라야 하는 이유를 설명하려고 합니다. 또한 신과 그의 대리인이 얼마나 위대하고 절대적인 권력을 가진 존재인지를 부각시킴으로써 그들에 대한 신앙이 흔들리지 않고 견고해지게 만들려고 하죠. 특히 창세 신화와 건국 신화는 그 주역들의 신비로운 탄생과 영웅적인 활약 등에 관한 이야기를 통해서 그들로부터 이어져 온 통치 권력과 사회 체제를 미화하고 정당화하려는 목적도 가지고 있습니다.

그래서인지 신화 속 인물들의 특성과 관계를 곰곰이 살펴보면 그 사회의 기본적인 권력 구조를 파악할 수 있죠. 신화 속에 등장하는 남성과 여성을 살펴보면, 그 사회에서 관습처럼 굳어진 남녀에 대한 생각 그리고 그 둘의 관계를 파악할 수 있습니다. 우리에게 널리 알려진 두 가지 신화를 통해서 이를 한번 확인해 볼까요?

▶ 아담의 갈비뼈에서 탄생한 이브

하나는 성경 창세기에 나오는 아담과 이브에 관련된 신화입니다. 아담은 하나님이 창조한 최초의 남자인데, 히브리어로 '사람'을 뜻하죠. 한편 이브는 최초의 여자에게 붙여진 이름입니다. 하나님이 세상을 창조하실 때, 빛과 어둠, 하늘, 땅, 해와 달과 별, 나무와 곡식, 새와 물고기, 가축과 날짐승 등을 차례로 만든 후 흙으로 자신의 형상을 닮은 남자를 만들어 생명을 불어 넣고 에덴동산에서 살게 하였죠. 그런데 아담이 혼자 외롭게 지내는 것을 가엽게 여긴 신은 아담이 잠든 사이에 그의 갈비뼈 하나를 빼내어 여자를 만들어 아내로 삼아 함께 살게 하였습니다. 그녀가 바로 이브입니다.

성경의 창세 신화에 나오는 남자는 신의 모습을 한 신의 대리인으로서 신의 권위를 물려받은 존재입니다. 또한 그의 이름이 아담인 것은 사람은 곧 남자를 의미한다는 것입니다. 한편 여자인 이브는 남자인 아담을 위해 창조된 존재로, 처음부터 여자의 역할은 남자를 보필하는 것이었음을 암시합니다. 남자의 갈비뼈로 만들어졌다는 이야기에는 여자가 남자의 부속물이라는 생각이 담겨 있으니까요. 더욱이 이브가 아담을 유혹하여 인간에게 금지된 선악과를 먹게 함으로써 둘은 낙원인 에덴동산에서 쫓겨나죠. 이 부분은 여자는 남자로 하여금 죄를 짓도록 유혹하는 위험한 존재일 수 있다는 부정적인 생각을 보여줍니다. 이처럼 아담과 이브의 이야기에는 남성 중심적 사고가 담겨 있죠.

▶ 순종과 인내의 상징인 웅녀

이번에는 우리나라의 신화를 살펴볼까요? 바로 단군 신화입니다. 천제인 환인의 아들 환웅이 인간 세상을 다스리고자 수천 명의 신하를 이끌고 내려왔습니다. 이때 곰과 호랑이가 찾아와 인간이 되기를 간청했죠. 환웅은 100일 동안 햇빛이 들지 않는 곳에서 쑥과 마늘만 먹으면서 지내면 인간이 될 수 있다고 일러줍니다. 호랑이는 견디지 못하고 뛰쳐나갔으나, 곰은 묵묵히 참아낸 끝에 여인이 되었죠. 환웅이 잠시 인간으로 변하여 그녀와 혼인하여 아들을 낳았으니, 그가 바로 고조선을 건국한 단군왕검입니다.

이 신화 속에서 인간 세상을 다스리기 위해 하늘에서 내려온 환웅도 천제의 아들이고, 고조선을 세운 단군왕검은 환웅의 아들입니다. 즉 지배 권력을 행사하는 것은 남자라는 생각을 담고 있죠. 또한 여자가 되기 위해서 가장 중요한 덕목은 웅녀가 그랬듯이 순종과 인내임을 강조하고 있습니다. 물론 단군 신화에 등장하는 환웅, 곰, 호랑이가 각각 고조선이 건국될 당시 우리 땅에서 세력을 겨루던 외래 집단과 토착 부족들을 상징하는 것이라는 주장이 설득력 있게 제기되고 있지만, 단군 신화의 이야기 자체만 놓고 보면, 그 안에 담긴 남성 중심적 사고를 확인할 수 있습니다.

모두가 전달자, 대대손손 전달되는 신화의 힘

한 사회에서 신화는 오랜 시간에 걸쳐 말과 글로 다음 세대로 계속 전해졌습니다. 어릴 때는 주변 어른들에게 자기 사회의 신화를 듣고, 어른이 되어서는 본인이 '신화 전달자'가 되어 다음 세대의 아이들에게 들려주죠. 그 과정에서 신화 속에 묘사된 남녀의 모습도 마치 하나의 신앙처럼 머릿속에 자리 잡습니다.

1994년 뉴베리 상을 수상한 로이스 로우리의 《더 기버(The Giver) : 기억 전달자》라는 소설이 있습니다. 2014년 영화로도 제작되었죠. 하지만 결코 흥미 위주의 가벼운 이야기는 아닙니다. 진실을 알게 된 자의 고민과 선택에 관한 이야기이죠.

기억 전달자는 인류의 과거를 기억으로 간직하고 있다가 후대에 전해 주는 역할을 수행합니다. 그를 제외한 다른 사람들은 인류의 과거에 대한 진실을 모릅니다. 왜냐하면 원로원에서 차별, 범죄, 전쟁, 고통 등이 사라진 평화로운 사회를 유지하려고 사람들의 생각과 감정을 통제하기로 결정했기 때문이죠. 원로원은 사람들이 감정을 느끼지 못하도록 약물을 투여하고 그들의 감정을 자극할 수 있는 범죄, 전쟁과 같은 역사적 기억들을 모두 지워버렸죠. 오직 기억 전달자만이 선대의 기억 전달자로부터 과거의 기억을 전수받아 후대의 기억 전달자에게 전해 주는 역할을 합니다. 주인공 조너스는 그가 가진 뛰어난 역량을 인정받아 기억 전달자로 선택되죠.

원로원이 고려한 기억 전달자의 역량은 무엇일까요? 인간 사회에서는 항상 기쁘고 행복한 일들만 일어나는 게 아닙니다. 따라서 기억 전달자에게는 가난, 시기, 폭력, 살인, 전쟁 등과 같이 끔찍한 기억을 전달받았을 때 느낄 슬픔, 고통, 분노에 무너지지 않고 비밀을 지켜낼 수 있는 능력이 필요하죠. 조너스도 과거 인간 사회의 진실을 알게 되자 큰 충격을 받았지만, 결국은 이겨내죠. 하지만 원로원들이 바라던 대로 된 건 아닙니다. 조너스는 원로원들이 그렇게 숨기기 원했던 과거에 대한 기억, 즉 진실을 사람들에게 알려주기로 결정하니까요.

사람들이 인간 사회의 진실에 대한 기억을 되돌려 받은 후, 사회는 어떻게 변했는지 소설은 말해 주지 않습니다. 원로원의 우려처럼 혼란과 다툼 속에서 사람들은 고통 받을지도 모르죠. 하지만 그러한 고통은 일시적인 것입니다. 역사는 항상 인간이 고통을 이겨내 왔음을 기록하고 있으니까요. 무질서 속에서도 질서를 만들어

냈다는 것을 알려줍니다. 차별을 극복하고 함께 행복해지기 위해 노력하였음을 보여주고 있습니다. 아마도 조너스는 과거의 기억에서 인류의 이러한 특별한 능력을 발견한 게 아닐까요? 그리고 그가 진실을 알려주기로 선택함으로써 사회는 변하기 시작합니다.

우리는 다음 세대에게 어떤 이야기를 들려줄 것인가?

남성 중심의 신화를 다음 세대에게 들려주는 우리들의 모습은 소설 속 원로원이 바라는 '기억 전달자'의 모습과 무엇이 다를까요? 기억 전달자는 현재의 사회 체제를 안정적으로 유지하기 위해서 원로원이 애써 감추고 싶어 했던 진실, 즉 사람들은 사랑, 기쁨, 슬픔, 분노의 다양한 감정을 가지고 있고, 이 세상은 때로는 불평등하고 고통스럽기까지 하다는 것을 잘 알고 있습니다. 하지만 원로원이 바라는 그의 역할은 그 기억을 다른 사람들에게 전달해 주는 게 아니라 비밀로 간직해 줄 것을 기대했던 거죠.

마찬가지로 여러분보다 먼저 세상을 경험한 어른들은 신화가 꾸며진 이야기라는 것을 잘 알고 있습니다. 누군가를 신성한 존재, 영웅으로 만들어 그가 중심이 된 현재의 사회 체제와 권력 구조를 정당화하고 유지하기 위해서 만들어졌다는 것을 잘 알고 있다는 뜻입니다. 그저 모른 체 하고 있을 뿐이죠.

《더 기버: 기억 전달자》의 주인공 조너스가 각성을 하고 진정한 기억 전달자의 역할, 즉 그동안 은폐되어 온 진실에 대한 기억을 모든 사람들에게 알려주려 했듯이 우리도 신화 속에 감춰진 진실을 다음 세대에게 알려주는 진정한 '신화 전달자'가 되어야 합니다.

신화란 비단 앞에서 예로 들었던 창세 신화나 건국 신화만을 의미하는 게 아닙니다. 어린 시절에 들은 옛날이야기, 전설 등에도 불편한 진실들이 많이 숨어 있죠. 진실을 알게 되었을 때, 세상은 잠시 갈등에 휩싸이고 질서가 무너지면서 혼란해질 수도 있습니다. 하지만 그러한 혼란을 피하지 않고 당당히 맞서 나갈 때 한층 더 인간다운 삶이 가능한 세상이 만들어지지 않을까요? 우리는 그러한 변화를 이루는 데 앞장서는 진정한 신화 전달자가 되어야 합니다.

 ### 서로 존중하며 더불어 사는 사회를 만드는 작은 시작

세상에 대한 불만을 토로하는 사람들은 많지만, 불만을 개선하기 위해서 노력하는 사람들은 안타깝게도 그리 많지 않습니다. 노력은 결코 거창한 것만을 의미하지 않습니다. 열린 마음과 정의로운 사고방식을 갖고, 이를 가까운 사람부터 전파시키려고 노력하는 것도 변화를 일으키는 원동력이 되죠. 나비의 날갯짓이 어딘가에 태풍을 일으킬 수도 있는 것처럼 오늘부터 시작하는 우리의 작은 노력은 미래를 모두가 함께 잘 사는 더 나은 사회로 변화시키는 작은 날갯짓이 될지도 모릅니다.

이런 표현,
이대로 괜찮은가요?

일상생활에서 발견한 성차별 언어들

우리가 가지고 있는 생각들은 언어를 통해 구체적으로 표현됩니다. 또 생각에는 그 사회의 가치관, 관념 등이 반영되어 있죠. 따라서 일상적으로 사용되는 언어들을 살펴보면 사람들의 생각에 영향을 주고 있는 사회적 가치관이나 관념을 읽어낼 수 있습니다.

거꾸로 우리가 사용하는 언어가 생각을 지배하기도 하죠. 그 언어 속에 반영되어 있는 특정 가치관이나 관념이 우리의 사고 과정에 영향을 주니까요. 따라서 우리에게 편향된 생각을 심어 줄 수 있는 언어 표현이 없는지 살펴보는 것은 올바른 사고를 위해서 꼭 필요하다고 생각합니다.

혹시 우리가 무심코 사용하는 언어 중에 성차별적 의식을 반영하거나 심어 주는 표현은 없을까요? 부록에서 몇 가지 언어 표현을 살펴보며 이 문제에 대하여 함께 생각해 보았으면 합니다.

남편의 집안은 아내의 집안보다 높은 사람들이 사나요?

시댁(媤宅)은 남편의 부모가 사는 집 또는 남편의 집안을 일컫는 시집을 높여서 부르는 말입니다. 한편 처가(妻家)는 아내의 부모가 사는 집 또는 아내의 집안을 일컫는 말이죠. 따로 높여 부르지는 않습니다. 이렇듯 남편의 집안은 높여서 부르는데, 아내의 집안은 따로 존칭하지 않습니다. 이상하다고 생각해 본 적 없나요?

　이 밖에 가족과 관련된 표현으로는 '도련님과 처남', '아가씨와 처제', '친(親)할머니와 외(外)할머니' 등이 있는데, 정확한 의미를 사전에서 찾아보고 어떤 문제가 있는지 한번 생각해 보았으면 합니다.

미망인?! 남편을 따라 죽지 않으면 죄인인가요?

미망인은 남편이 죽고 홀로 된 여성을 의미합니다. 그런데 한자를 풀이해 보면 참으로 희한한 말이 아닐 수 없습니다. 왜냐하면 '아직(未) 따라 죽지(亡) 못한 사람(人)'이란 뜻으로, 남편을 따르지 못하고 있는 죄인이라는 의미가 내포되어 있기 때문이죠. 그렇다면 왜 미망인의 반대말, 즉 부인이 먼저 죽은 남성을 죄인시하는 명칭은 없는 걸까요?

제인 에어를 쓴 샬롯 브론테는 여류작가로 부릅니다.
그런데 왜 로미오와 줄리엣을 쓴 셰익스피어는 남류작가라고 부르지 않을까요?

흔히 전문적인 일에 종사하는 여성에게 '여(女)'자를 붙이곤 합니다. 예컨대 문학작품을 쓴 여성 작가들에게는 여류작가라고 하지만, 남성 작가들에게는 남류작가라는 표현을 쓰지 않고 그냥 작가라고 부르죠. 이외에도 여의사, 여검사, 여류화가 등 찾아보면 많이 있습니다. 왜 그런 걸까요? 이런 표현들은 마치 고도의 전문적 능력을 요구하는 일들이 남성에게 적합한 것이고, 여성이 이런 분야에 종사하는 것은 매우 특별한 경우라는 생각이 내포되어 있습니다. 여러분은 어떻게 생각하나요?

형(오빠)은 나의 보호자가 될 수 있는데, 누나(언니)는 안 되는 건가요?

얼마 전까지만 해도 학교의 가정통신문 등에 '학부형(學父兄)'이란 용어가 아무렇지 않게 쓰였습니다. 한자어 그대로 풀이하면 학부형이란 학생의 아버지나 형을 가리킵니다. 학생의 실질적인 보호자에서 어머니를 제외하고, 아버지 또는 형을 칭했던 거죠. 그래서 학부형 대신 '학부모(學父母)'라는 표현을 주로 쓰고 있습니다. 그런데 요즘에는 학부모라는 말조차도 비판하는 목소리가 있습니다. 왜 그럴까요? 아기 공룡 둘리가 다니는 학교에서 가정통신문을 보낸다면 시작하는 문구를 어떻게 써야 할지 다 같이 생각해 보면 어떨까요?

처녀가 만든 작품도 아닌데 왜 처녀작이라고 부르는 거죠?

문학인, 예술인 등이 처음으로 만든 작품을 가리켜 처녀작이라고 합니다. 처녀라는 말은 아직 결혼하지 않은 순결한 여자를 의미합니다. 첫 작품을 처녀작이라고 부르는 것은 여성에게 강요되어 온 성적 순결의식이 담겨 있는 거죠. 이렇듯 여성에게 성적 순결을 강요하는 또 다른 표현에는 무엇이 있을까요?

엄마 배 속에는 아들만 있어야 하나요?

'자궁(子宮)'이란 수정란이 착상해서 태아가 자라는 여성의 신체기관을 가리킵니다. 그런데 자궁에 쓰이는 한자를 풀이하면 아들(子)을 품고 있는 집(宮)을 뜻하죠. 여기에는 뿌리 깊은 남아 선호 사상이 담겨 있습니다.

하지만 여러분도 잘 알다시피 엄마의 자궁은 아들과 딸을 구분하지 않고 똑같이 품습니다. 그렇다면 자궁을 대신해서 뭐라고 부르는 것이 좋을까요? 함께 새로운 이름을 생각해 봅시다.

좋은 경우에는 남자가 먼저, 나쁜 경우에만 여자가 먼저?!

부부(夫婦)는 남편을 의미하는 '부(夫)'와 아내를 의미하는 '부(婦)'가 결합된 말입니다. '부부'와 같이 남자와 여자를 의미하는 단어를 함께 사용하는 언어 표현을 보면 보통 남자를 의미하는 단어가 여자를 의미하는 단어보다 먼저 나오죠. 예컨대 '신랑신부', '남녀공학', '선남선녀' 등이 대표적인 사례입니다. 은연중에 남자를 우선시하는 생각이 반영되어 있는 것입니다. 그런데 참 이상하게도 욕설에 해당하는 '연놈'이라는 표현을 보면 여자를 의미하는 '년'이라는 단어가 남자를 의미하는 '놈'이란 단어보다 앞에 위치합니다. 이런 표현들에 대해서도 함께 곰곰이 생각해 봐야 하지 않을까요?

조국에는 대체 누가 살고 있나요?

조상 때부터 살아온 나라를 조국(祖國)이라고 하죠? 그런데 조국의 한자어를 풀이하면 할아버지 '조(祖)'에 나라 '국(國)', 즉 할아버지의 나라가 되는 셈입니다. 물론 자기가 태어난 나라를 가리켜 모국(母國)이라고 하는 경우도 있지만, 이는 대부분 다른 나라에서 살고 있을 때 느끼는 고향에 대한 그리운 감정이 반영된 표현이라고 합니다. 마치 어머니를 그리워하듯이 말이죠. 이런 경우를 예외로 하면 자신이 태어나서 살고 있는 나라는 보통 조국이라고 표현합니다. '할아버지의 나라!' 하지만 엄밀히 말해서 할머니와 어머니도 함께 살아온 나라인데 굳이 이렇게 표현하는 것은 남성 중심의 사고가 반영되어 있다고 할 수 있습니다. 국가와 관련된 언어 표현 중에서 이와 유사한 남성 중심의 표현은 또 없을까요? 외교관계에서 서로 우호적인 관계에 있는 나라를 비유적으로 부르는 표현인 '형제의 나라'에 관해서도 생각해 봅시다.

왜 좋은 일에는 효자만 있고 효녀는 없을까요?

기업의 소득 또는 매출 증대에 크게 이바지하는 상품을 가리켜 효자상품 (孝子商品)이라고 하죠? 그런데 희한하게 효녀상품이라고 표현하지는 않습니다. 이러한 표현에도 남성 중심 사상이 담겨져 있습니다. 효자종목, 효자산업 등도 같은 맥락에서 생각해 보아야 할 표현들입니다. 혹시 어떤 표현으로 바꿔 보면 좋을지 함께 아이디어를 내보면 어떨까요?

가정에서 살림과 육아를 담당하는 남자는 안사람인가요, 아니면 바깥사람인가요?

결혼한 남자가 자신의 배우자를 지칭할 때 '안사람' 또는 '집사람'이라 하고, 반대로 결혼한 여자가 배우자를 지칭할 때는 '바깥양반'이라고 합니다. 그런데 '집사람(안사람), 바깥양반'의 표현은 남녀 역할에 대한 고정적인 관념이 담겨 있습니다. 즉 과거에는 남자가 가족을 부양하는 역할을 수행하고, 여자는 집안에서 살림과 육아를 하며 남편을 내조하는 게 일반적이었으니까요. 하지만 현대사회에는 여성의 사회 진출이 활발하고, 경우에 따라서는 남자가 육아와 살림을 전담하는 경우도 있습니다. 하지만 호칭은 바뀌지 않은 채 여전하죠. 여러분은 결혼한 배우자에 대한 호칭은 어떤 게 좋다고 생각하는지 자유롭게 이야기해 봅시다.

단행본

김승섭, 《아픔이 길이 되려면》, 동아시아, 2017.

정희진·김고연주·박선영 외, 《소녀 설치고 말하고 생각하라》, 우리학교. 2017.

한국여성연구소, 《새 여성학 강의》, 동녘. 2002.

레이첼 카우더 네일버프, 《마이 리틀 레드북》(박수연 옮김), 부키, 2011.

미나미노 다다하루, 《팬티 바르게 개는 법》(안윤선 옮김), 공명. 2014.

미셀 페로·니콜 바사랑·프랑수아즈 에리티에 외, 《인문학 여성을 말하다》(강금희 옮김), 이숲. 2013.

올리비에 포스텔 비네이, 《X염색체의 복수》(이화숙 옮김), 기린원, 2008.

치마만다 응고지 아디치에, 《우리 모두는 페미니스트가 되어야 한다》(김명남 옮김), 창비, 2016.

연구논문

여성가족부, 〈교과서 속의 성차별 이렇게 바꿔 주세요〉, 2018

여성가족부, 〈2017년 성평등 보고서〉, 2018

통계청, 〈교육기본통계, 초·중·고등학교 개황〉

통계청, 〈주택소유지분별 성별 주택소유자수 현황〉, 자료갱신일 2018.12.21

통계청, 〈국내통계자료, 인구동향조사〉

한국정책연구원, 성인지통계, 〈중앙·지방자치단체 공무원수(성/직급별)〉, 자료갱신일 2018.7.25

보건복지부, 〈2017 저출산·고령화 국민인식조사 결과〉

KB금융경영연구소, 〈2018 한국워킹맘보고서〉

일간지/주간지/월간지

〈저체중 강박에 병든 사회〉, 《해럴드경제》 2018.08.24

〈안전한 사랑, 피임은 필수…콘돔사용률 최하위 대한민국〉, 《세계일보》 2017.03.11

《국민일보》, 2018. 4.19
《연합뉴스》, 2018.11.27
《조선일보》, 2017.7.4
《경인일보》, 2018.8.17
《중앙일보》 2018.11.29.
〈고령화의 그늘 치매…10명 중 1명 치매 환자〉, 《농어촌여성신문》, 2016.3.18
〈장수국가와 노인국가 사이〉, 《주간조선》, 2017년 6월 2460호,
〈일다: 백인 페미니즘은 자기들끼리만 얘기한다〉, 《페미니스트 저널》, 2018.4.8
〈일다: 10대라서 더욱 은폐되는 데이트 강간〉, 《페미니스트 저널》, 2015. 8. 5
《한겨레 과학웹진 사이언스온》, 〈뇌 연결망 구조, 남녀 차이 있다〉

인터넷

YouTuve, "Girl toys vs boy toys: The experiment - BBC Stories", 2017
인터넷 포털 다음, 초등학교 심리 백과 (http://100.daum.net)
세상을 바꾸는 시간 15분, "손아람 : 혐오는 비용을 치른다"중에서
천재학습백과 웹사이트 https://koc.chunjae.co.kr/Dic/dicDetail.do?idx=1485

기타

마이클 무어 제작 다큐멘터리, 〈다음 침공은 어디?〉, 2016
KBS 다큐멘터리 〈차마고도: 제4편 천년 염정〉, 2007
헌법재판소 2019.4.11 2017헌바127 형법 제269조 제1항 등 위헌소원
헌재 2014. 8. 28. 2013헌마553

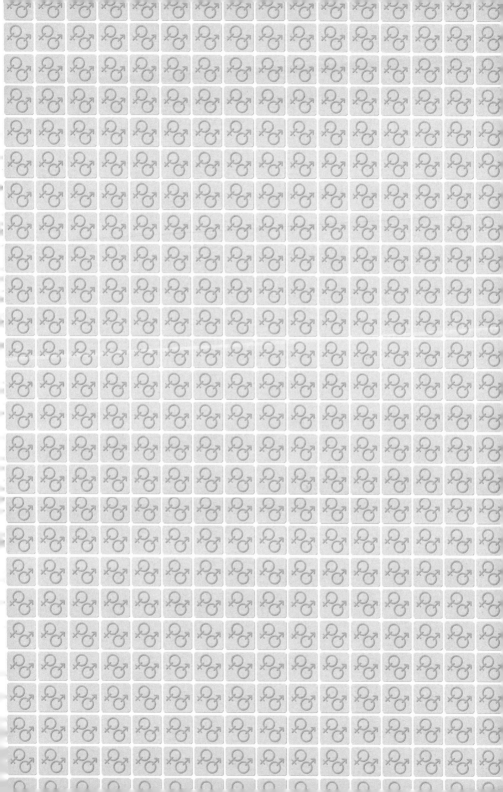